哲學家，很有事？

趣談前蘇格拉底的16位大奇葩

賈辰陽 著

[前言]

哲學家生命中最閃光的時刻

追求智慧的哲學起源於人的好奇心，這是亞里斯多德（Aristotle）在《形上學》明確提出的觀點。他解釋道：「一個有所迷惑與驚異的人，每每自愧愚蠢；他探索哲學只是為了擺脫愚蠢，顯然，他為求知而從事學術，並無任何實用目的。」強烈的好奇心能使人的求知欲跳出功利主義的牢籠，所謂「非關因果方為善，不計科名始讀書」，說的是這層意思。

好奇的意義不止於此，好奇心能促進人們跳出因循守舊的常規窠臼，不斷開拓創新、盛德日新。弗里德里希・尼采（Friedrich Nietzsche）在《快樂的科學》說：「習慣使我們雙手機巧，使頭腦笨拙。」拉爾夫・沃爾多・愛默生（Ralph Waldo Emerson）在《自立》說：「模仿就是自殺。」在我看來，將人從常識的束縛中解放出來，超越想當然的生活態度，既是哲學的功能，也是哲學的使命。

學習哲學的首要條件不是高智商，而是真誠！

尚－雅克．盧梭（Jean-Jacques Rousseau）在《愛彌兒：論教育》說：「做為『自然人』的小孩子寧願要一塊蛋糕，而不要一枚錢幣，因為小孩子不知道『錢』是什麼。」為什麼給別人一張紙，別人就得被這張紙奴役，去執行你要求他做的事情呢？文明人似乎都知道「錢」是什麼，但小孩子不知道，哲學家也不知道。哲學家「自知自己無知」，所以會思考何謂「貨幣」、「財產權」。所有名副其實的哲學家都是真誠的孩子，與其說他們的思想深奧難懂，不如說他們的靈魂光明澄澈。

伏爾泰（Voltaire）說：「除了無聊，什麼樣的風格都是好風格。」本書的每一頁，乃至每一段話，都帶給人驚喜和啟發，參閱大量哲學原典和研究文獻，所有內容皆有本有據，不因趣味性而損害資料的可靠性。為了達成這一目的，作者行文方式採用剪影和素描的手法，所謂剪影就是剪取各位哲學家生命中最閃光的片段，組合成篇，有如珠玉在盤，顆顆晶瑩剔透；所謂素描就是客觀記述哲學家的言行，杜絕三紙無驢的冗長鋪陳，以及不著邊際的個人發揮。

哲學家如果言行不一，理論的可信度就大打折扣。本書講述的十七位古希臘哲學家，都是表裡如一的風流人物，敢於將內在的思想體現在現實生活之中。犬儒第歐根尼（Diogenes）為了堅持自然的生活，膽敢在市場上手淫；蘇格拉底（Socrates）為了「寧肯天下人負我」的道德堅守，在飲下鴆酒後還侃侃而談，論證「靈魂不朽」；庇羅（Pyrrho）漠不動心地替豬洗澡；西奧多羅斯（Theodorus the Atheist）論證「好人不殉國」；詭辯的智者嘲諷「你這話是什麼意思」等問題；高爾吉亞（Gorgias）則驚世駭俗地論證「無物存在」……這些哲學家的故事，或幽默，或荒誕，或讓人扼腕嘆息，或讓人愀然警醒，皆是他們的情感和思想的真實表露。

靜靜地閱讀本書，想見他們的一顰一笑和一言一行，思想的光芒就會悄然照射到現實之中。

賈辰陽

二〇一九年十二月十一日

目錄
Contents

目錄
Contents

目錄
Contents

目錄
Contents

蘇格拉底的生平事略

蘇格拉底的教誨

目錄
Contents

科學和哲學之祖

米利都的泰利斯

（Thales，西元前624—546年）

不要投胎是最好的事

泰利斯（Thales of Miletus）終身未婚，卻收養姊妹的孩子。別人問他為何沒有生養自己的孩子，他回答：「因為我愛孩子。」

做為古希臘的著名哲學家，泰利斯肯定聽過一則希臘神話：彌達斯國王在樹林久久地尋找酒神的伴護精靈，即聰明的西勒努斯（Silenus），但沒有找到。精靈最終落入國王手中，國王問道：「對人來說，什麼是最好、最妙的事？」精靈木然呆立，一聲不吭。直到最後，在國王強逼下，他突然發出刺耳的笑聲說：「可憐的浮生啊！無常與苦難之子，你為什麼逼我說出這些話呢？要知道，你最好不要聽到這些話啊！最好的事是你根本得不到的，就是不要降生，不要存在，成為虛無。不過對你還有次好的事，就是立刻死去。」（尼采《悲劇的誕生．三》）

關於結婚，現在太早，之後又太晚

父母試圖逼迫泰利斯結婚，他說：「母親，現在為時太早！」時光荏苒，泰利斯眼

015 科學和哲學之祖
米利都的泰利斯

看老大不小，父母繼續催逼他結婚，他說：「母親，現在為時已晚！」

孔子說：「不得中行而與之，必也狂狷乎。狂者進取，狷者有所不為也。」人生在世，精神被肉身奴役，肉身被欲求擺布，欲求被時勢操縱。想要有所為，就必須有所不為；不會對世界說「不」的人，很容易在塵世的喧囂中迷失自我。

是怯懦，還是對生命的謹慎？

梭倫（Solon）見泰利斯沒有結婚，也沒有兒女，卻活得怡然自得，忍不住問他是怎麼回事；泰利斯沒有回答，轉身離開了。事後，泰利斯讓人散布謊言，說梭倫的兒子客死外邦之地。梭倫聽到消息後，捶胸頓足，悲痛萬分，還用手撕扯自己的頭髮。這時，泰利斯出來了，拉住梭倫的手說：「朋友，這就是我不願意結婚生子的原因，像您這樣堅強的人，竟然也不能忍受親人離散的打擊。」

普魯塔克（Plutarch）在《希臘羅馬名人傳》論及此事，頗有感慨，他說害怕失敗或失去而放棄行動和嘗試，這不是「見微知著」的理性，只能叫極度怯懦。那些沒有生養兒女的人，哪怕是自家養的一條狗死了，同樣會悲痛欲絕、如喪考妣。我們不能因為

017 科學和哲學之祖
米利都的泰利斯

害怕失去財富而甘願貧窮，不能因為害怕失去友誼而拒絕交友，更不能因為害怕失去子女而拒絕結婚生子。

真實的人生有時就像命運編排好的劇本，普魯塔克有個最心愛的女兒，但卻夭折了。阿爾貝·卡繆（Albert Camus）在《薛西弗斯的神話》開篇說：「真正的哲學問題只有一個——自殺！思考人生是否值得過。」如果沒有結束生命的勇氣，至少要有面對生命的審慎——要不要生養兒女？這是一個問題！

生與死沒有區別

泰利斯經常念叨說：「死了與活著沒什麼區別！」

有一次，別人反問他：「那你為什麼不去死呢？」

泰利斯回答：「因為死了與活著沒什麼區別！」

生而為人、男人、希臘人，我很幸運

泰利斯對命運女神充滿感激，理由如下：「第一，我生而為人，不是畜生；其次，我生而為男人，不是女人；第三，我生而為希臘人，不是蠻族人。」

《列子・天瑞》寫道：孔子遊於泰山，見榮啟期行乎郕之野，鹿裘帶索，鼓琴而歌。孔子問曰：「先生所以樂，何也？」對曰：「吾樂甚多。天生萬物，唯人為貴，而吾得為人，是一樂也。男女之別，男尊女卑，故以男為貴，吾既得為男矣，是二樂也。人生有不見日月、不免襁褓者，吾既已行年九十矣，是三樂也。貧者士之常也，死者人之終也，處常得終，當何憂哉？」孔子曰：「善乎！能自寬者也。」

爬出洞穴才能仰望星空

泰利斯一邊走路，一邊仰望天空的星斗，結果不小心掉進洞穴。一個色雷斯女人嘲笑他：「你能看見天上的事物，卻看不到腳下的東西，所以才會掉進洞穴。」

我們不知道泰利斯當時如何回答，約二千年後，德國哲學家格奧爾格・威廉・弗里

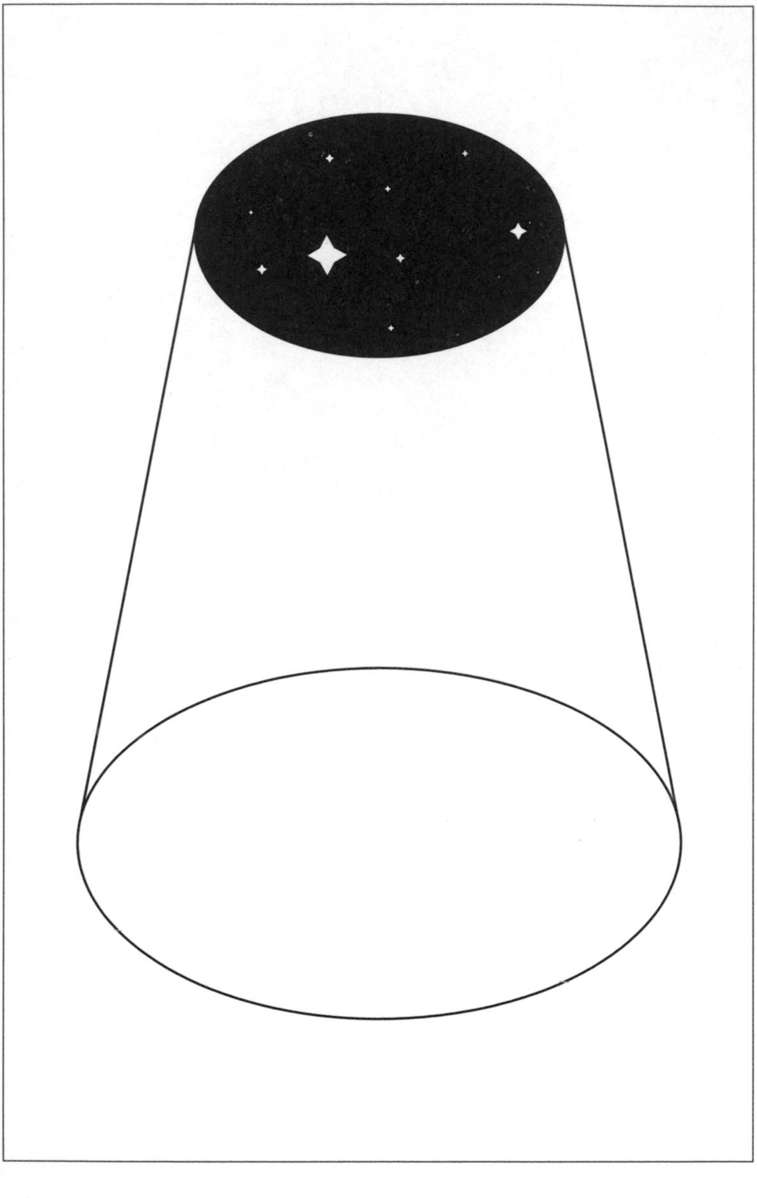

德里希・黑格爾（Georg Wilhelm Friedrich Hegel）在《哲學史講演錄》回答說：「妳永遠不會掉進洞穴，因為妳就生活在洞穴之中。」

哲學家通往致富之道

世人輕侮泰利斯以哲學見稱，卻貧困得幾乎難以自給，譏笑哲學並非救貧的學問。泰利斯憑藉星象學預測次年夏天橄欖樹將豐收，於是把所有資金都交給開俄斯島和米利都城的油坊做為定金，租得榨油設備。這時誰都不去與他競爭，預訂的租金很低。收穫季節來臨時，需要榨油的人紛紛到各家油坊，都願意照他要求的高價支付榨油設備的租金。泰利斯由此獲得大量金錢，向世人證明哲學家致富不難，只是他的志趣不在金錢。

這個故事的本意在於顯示泰利斯的智慧，恰好說明造成壟斷的方法——這種原理可以普遍應用於致富的各個門徑。（亞里斯多德《政治學》第一卷第十一章）

沒有橋梁如何到達彼岸？

兩軍對壘時，泰利斯對呂底亞國王克羅伊斯（Croesus）說：「不用架橋，不用渡船，也無須游泳，我們就能到達河對岸。」

克羅伊斯問：「你到底用什麼方法？」

他回答：「在身後挖一個半圓形的管道，讓河流改道從身後穿過。」

如何測量金字塔的高度？

泰利斯天資聰穎，自學成才，沒有拜任何人為師。他曾去過埃及，與當地的祭司混過一段日子。這些祭司雖然天天生活在金字塔附近，卻不知道金字塔的具體高度。

泰利斯發現在白天的某一時刻，人的身高和影子的長度呈固定比例，因此，只要測量出金字塔影子的長度，就能夠換算出金字塔的準確高度。

認識自己最困難

有人問世間最難的事情是什麼？泰利斯回答：「認識你自己！」

正如格勞科斯石像，由於時間、海洋和暴風雨的侵蝕，現在已經變得不像天神，更像一隻凶殘的野獸。人類在社會環境中，由於繼續發生的千百種原因、獲得無數的知識與謬見、身體組織上發生的變化、情欲的不斷激盪等，靈魂已經變質，甚至可以說靈魂的樣子，早已改變到幾乎不認識的程度。（盧梭《論人類不平等的起源和基礎》）

統治者應比人民更良善

有人問世界上最奇怪的事情是什麼？泰利斯說：「專制暴君居然活了一大把年紀還能壽終正寢。」還說：「世上最凶惡的野獸就是獨裁暴君，追隨暴君的馬屁精都是受到豢養的牲畜，不過已經被馴服而已。」

泰利斯認為，獲得名譽和光榮比生存保障更為重要，他說：「如果一個國君寧願統治奴隸而不是自由人民，他就像個愚蠢的農夫，把大麥、小麥撒到街道，讓穀倉充滿蝗蟲和飛鳥。政府雖有弊端萬千，卻有一點可以彌補，即名譽和光榮，前提是統治者要比治下的良民更良善，而民眾能夠活出名譽和光榮。如果國君既登大位，卻只關心自家的舒適和利益，而忽視民眾的呼籲和擔憂，那麼他最好不要統治有理性的人民，更適合統治牛馬或羊群。」

水是最基礎的元素

泰利斯斷言水是最初的元素，得出這一結論可能是他觀察到生命所必需的食物和種子都包含水分。

選擇將水做為基本實體時，泰利斯可能是受到河神歐開諾斯（Oceanus）和蒂錫斯神話的影響。考慮到希臘哲學產生於希臘神話和希臘宗教，這一觀點有其合理之處。

水能夠呈現固體、液體和氣體形式，因此在人們看來似乎是處在變化之中；水在高溫下蒸發，很容易被泰利斯解釋為由水到火的轉化；水以雨的形式降落，被大地吸收，可以被他解釋為由水到土的轉化；最後，水是生命所必需的。

025 科學和哲學之祖
米利都的泰利斯

萬物皆有靈魂

泰利斯看到磁石能夠吸引鐵，琥珀經過摩擦能夠吸引紙片，據此推測「萬物充滿靈魂」。

他所謂的靈魂是不是基督教意義的上帝，自古就有學者進行爭論。事實上，泰利斯對靈魂的理解更有可能接近古希臘人的傳統信仰。從《荷馬史詩》可以看出，對古希臘人來說，靈魂就是生命，是生命的源泉。人只要還在呼吸，血液還在流動，就是活著，就能移動身體和做各種運動。泰利斯所謂的靈魂，應該是指生命和運動的能力。

古希臘七賢之一

梭倫

（Solon，西元前638—559年）

智取失土薩拉米斯島

薩拉米斯島是雅典西部海洋中一座山勢突出的小島，也是梭倫（Solon）的出生地。此島為墨伽拉人以武力奪取而占有；雅典人為了奪回小島，與墨伽拉人進行多次戰鬥，均告失敗。雅典人疲於征戰，便頒布法令，誰若號召大家重開薩拉米斯戰爭，就處以死刑。

梭倫佯狂裝瘋，跳到廣場的宣令石上，還戴著一頂帽子。依照習俗，只有病人才戴帽子，怪異的裝束使人們輕易相信他真的瘋了。梭倫吟誦自己寫好的詩，以此激發雅典人的鬥志，市民推舉他為元帥去光復薩拉米斯島。

梭倫使用詭計：他讓一群年輕人穿上寬鬆的長袍假扮婦女，傳消息給島上的墨伽拉士兵，說他們有機會虜獲雅典貴婦。墨伽拉人不知道這是陷阱，匆匆上船，在雅典海岸登陸。他們看到一群婦女表演節日舞蹈，一聲呼嘯便衝上前去。讓他們始料未及的是，這些所謂的貴婦抽出寶劍，進行英勇抵抗。

最終墨伽拉人無一生還，梭倫隨即占領薩拉米斯島。

衣食充足才能追求心靈高貴

希臘七賢聚會的午宴上，梭倫說：「大部分民眾的靈魂都囚禁在肉體的黑暗中，考慮的是對食物的需要，在磨坊中無窮無盡地兜著圈子……《荷馬史詩》中不朽的神祇，無論生死存亡，都與食物毫無關係，大概荷馬（Homer）知道，食物不僅是維持生命的重要因素，同樣是所有疾病的根源，我們發現吃飽喝足比齋戒禁食的壞處更大，消化食物需要的時間比獲取食物更長。」

他接著說：「就像達那俄斯（Danaus）的女兒，被懲罰受無盡的勞役，汲水去裝滿底部有洞的大甕。一旦她獲得赦免，就會感到茫然、無所適從，不知道該過哪種生活，或從事哪種工作……之所以如此，是人們缺乏對高貴事物的認識，而獲取這些認識需要基本生存條件得到保障。一旦習慣伺候主人的奴隸被釋放，就會用曾經伺候主人的精力來對待自己。同樣，人一旦從為生存勞碌的苦役中解放出來，心靈所考慮的對象就將是真理和心靈自身。」

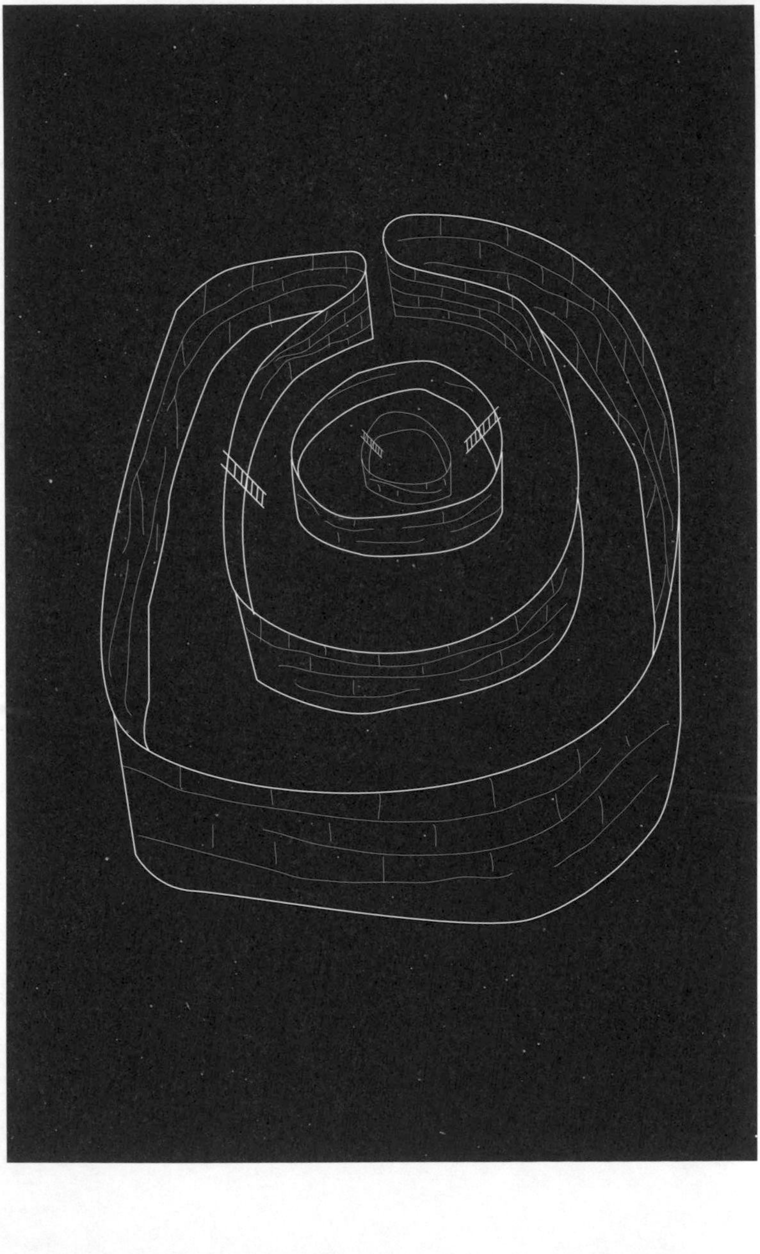

解除雅典貧民債務

梭倫發現雅典人處於分裂狀態，首先是山區的農民，辛苦且貧窮，總是積欠債務；其次是沿海居民，不窮也不富；第三是平原地區的顯貴，他們擁有豐饒的土地和果園，大權在握。貧民希望從梭倫那裡得到幫助，希望消除債務，奪走顯貴的大部分土地，以便在貧民間普遍分配，就像在斯巴達那樣。梭倫的確取消了債務，聲稱所有債務都應作廢，貧民才可以開始全新的生活。

不僅如此，他禁止任何人抓捕負債人並將其關入監獄。當時已經形成風氣，人們對欠債者儼然是對待壞人。梭倫聽說一些雅典人害怕因債務問題被關入監獄，就逃到異國他鄉，他派人接這些人回國，所有被監押的負債人都被釋放。可以肯定，那些貧窮無法維持生計的人無不歡欣鼓舞，他們期待梭倫進一步分配土地，但梭倫沒有這麼做，他認為這會使國家陷入混亂。

拒絕王冠，堅守民主

很多市民希望梭倫戴上王冠，認為他是信守公正且富有智慧的人，做國王會公允聖明。但梭倫對皇位毫不動心，他竭盡所能治理雅典，卻從未貪求王冠的榮耀或宮殿的輝煌；他熱衷民主政治，反對任何形式的專制。他寫給克羅伊斯的信中說道：「以雅典娜（Athena）的名義起誓，與其他任何生活境況相比，我更渴望生活在民主制度中……那是所有人都享有平等權利的地方。」

梭倫常說與專制君主過往密切的人，都是些任人擺布的玩意兒，雖然一時青雲直上，但可能轉瞬就一敗塗地。因為國王擺置他們，就像是擺放用來計數的鵝卵石，此時一塊石頭代表萬位數、千位數，彼時可能代表微不足道的個位數。

法律只抓得到小飛蟲

梭倫說：「法律猶如蜘蛛網，小飛蟲被它捉住，大動物卻將它撞破。」頗有「竊鉤者誅，竊國者侯」的意味。

法律不放任小惡

有人被騙四千多元，報警後得到回覆：「被騙五千元以上才立案。」受害人只好聽天由命，自認倒楣。但梭倫為雅典人制定的法律並非如此，他的法律管小事。他立法規定，禁止人們在距離鄰居花園五步內的地方種樹，以免樹根延展，吸走鄰家土地的養分；不得在鄰居蜂房的三百步內收養蜜蜂；誰家的狗如果咬人，就要在狗身上綁一根長四尺半的木棍，讓狗嘴無法咬到人。

人與人之間的衝突大多是生活瑣事，如果法律任由小衝突上升為流血殺人事件才開始處理，等於是「為民設陷」，一步步誘惑人們走向大奸大惡，然後捕殺他們。另外，如果法律出於執法成本的考慮，對尚未觸犯刑法的違法行為不聞不問（例如在公共場所抽菸、公路上隨意鳴笛等），這個處於執法空白狀態的日常生活領域，就會被黑社會和不法分子占領。他們為平民百姓伸張正義的地方，恰好是法律失職和疏忽之處。俠客不過是黑幫分子的美化版，一個民族痴迷於武俠，說明法治建設有待加強。

揭發僭主掌權三步驟

寫給埃庇米尼得斯（Epimenides）的書信中，梭倫描述「僭主」庇西特拉圖（Peisistratos）攫取專制權力的「三部曲」：第一，迎合大眾；第二，掌控武力；第三，搖身一變，成為僭主（不合法的統治者，希臘時代認為不透過世襲、傳統或合法民主選舉程序，憑藉個人的聲望與影響力而獲得權力，進而統治城邦的統治者，被稱為僭主）。

據《希臘羅馬名人傳》記載，庇西特拉圖是希臘山區窮人的代言人，說話溫文節制，喜怒不形於色，擅長模仿和掩飾，一身天生的好演技。大家公認他是謹言慎行、遵紀守法的人，因此贏得公眾信賴。

有一次，庇西特拉圖故意弄傷自己，用戰車把自己運到市民廣場，嫁禍給觀點不同的政敵，說是他們痛下毒手，以此煽動民眾的情緒。藉著這件事，庇西特拉圖要求召開市民大會，提議允許他隨身攜帶一支護衛隊，這支護衛隊由五十位手執棍棒的青年人組成〔第歐根尼．拉爾修（Diogenes Laërtius）的《哲人言行錄》記載，護衛隊由四百人組成〕。

梭倫還說：「從此之後，他摧毀民主制度。而我試圖把雅典的窮人從奴隸境況中解放出來的努力都付諸東流，現在，所有雅典人都成為主人庇西特拉圖的奴隸。」

與專制抗爭到底

雖然庇西特拉圖是梭倫的同族，但他不徇私情。當他察覺庇西特拉圖意欲攫取大權並實施專制統治的野心時，就竭盡全力阻止。此時梭倫年事已高，但毅然拿起長矛和盾牌衝進聚會的廣場，對民眾發表演說。他告誡大家不能因怯懦退縮而喪失自由，暴政剛萌芽且尚未羽翼豐滿時，就應該將其徹底摧毀，毫不姑息。

但人民不敢對抗庇西特拉圖，於是梭倫說：「雅典人啊！我比你們之中的一些人更聰明，比另一些人更勇敢；比那些覺察不到庇西特拉圖陰謀的人更聰明，也比那些雖然看穿陰謀，卻裝糊塗、保持沉默的人更勇敢。」無奈之下，梭倫說：「為了保衛國家，我既使用脣槍舌劍，也動用真刀真槍，已經盡了自己的本分。」此後，梭倫應國王克羅伊斯之邀，逃亡到呂底亞。

庇西特拉圖寫了一份頗含敬意的書信給梭倫：「我不是唯一自立為主的希臘人，自

立為主於我亦無不當，因為我系出哥德魯貴族。雅典人曾有盟誓，承認永保哥德魯與其子孫的地位，但他們背棄盟誓，剝奪這項特權，因此我只不過是取回盟誓所許給的權力罷了。我沒有做過什麼對不起神明、對不起人民的不義之事，你為雅典人立法，我就努力使你所立的法在公民生活裡實行。這個情況比民主制度還更好一些，因為我不許任何人做壞事。做為僭主，我不因此向人民多取一分權威、榮譽和固定的貢賦。每一個雅典人所納之賦稅，不是給我，而是供公共祭典使用，此外供公共事務和戰爭使用。我不怨你揭發我的企圖，因為你這樣做的動機出於愛民，並非恨我；同時你尚不知我會如何治理國家。如果你那時已經知道，就會滿意這個政府，不會逃走了。」

梭倫回信說：「我確信，我不會從你那裡遭受任何傷害，在你成為僭主前，我就已經是你的朋友，現在我更不會和你產生分歧。對他們來說，究竟是被一個人統治好，還是生活在民主制度下好，每個人都必須根據自己的判斷來決定。我承認，所有的僭主中，你是最好的一個。但我明白，返回雅典對我並不美妙。我曾經給予雅典人以平等權利，在早先時，我也曾拒絕做僭主，如果現在回來，對你所做的一切曲意逢迎，怎麼可能不遭到人們指責呢？」

與克羅伊斯談論幸福

梭倫居住的房屋十分簡陋，穿著簡樸。當他到克羅伊斯的宮殿時，看到國王端坐在堂皇的王座，上面裝點著光耀奪目的珠寶。克羅伊斯問梭倫是否看過比他更光彩的，他回答：「當然見過，公雞、雉雞和孔雀，牠們閃耀著自然的色彩，比你的衣服美上一萬倍。」為了令梭倫屈服，國王帶他去看藏寶室，那裡收藏了世界上最珍貴的物件。

「你見過比我還要幸福的人嗎？」國王問道。

「見過。」

「他是誰？」

「雅典一位名叫提拉斯的普通人，與愛著他的妻子和兒女住在貧窮的小村莊。雖然貧窮，但他不乏所需，為國家戰死，至今鄰里間還流傳著他的傳說。」

「還有其他人比我幸福嗎？」

「有。」

「還有？他是誰，求你告訴我。」

「是一對親兄弟，表現對老母親的深愛後，同時去世。母親決意參加村莊廟會的宴席，準備出發時發現，替她拉車的耕牛在很遠的地方耕作，無法及時帶回來。兩個兒子為了不讓她失望，把自己當作耕牛套在車上，拉著母親，在村民的歡呼聲中來到廟門前。他們吃了宴席，氣氛友好而歡快，當晚兄弟二人就去世了，所有人都紀念他們。你知道的，國王，人只要活著就仍有陷身危險的可能。我們到處以『幸福』的名義向他人致敬，豈不像一個角力手仍在場中奮戰，我們就為他的『勝利』歡呼？這是極不合適的。」

據希羅多德（Herodotus）的《歷史》記載，克羅伊斯完全不把梭倫放在眼裡，國王認為像這樣一個無視當下的幸福，總把目光投向人生結局的人，是個不折不扣的傻瓜。

後來，波斯大軍入侵呂底亞。克羅伊斯成為階下囚，波斯國王居魯士二世（Cyrus the Great）下令將他放在柴堆上燒死。當這個不幸的國王躺在柴堆上時，他高喊：「梭倫！梭倫！哦！梭倫！」

居魯士二世命人暫停點燃柴堆，要克羅伊斯解釋為何呼喊「梭倫」，他講述了這個故事。居魯士二世沉吟片刻，命人釋放他，目的是讓他過一種更值得敬重的生活，克羅伊斯將不再是國王，因為那不能使他幸福。

國家開辦妓院

梭倫立法規定，任何人殺死正在通姦的姦夫都無罪。但對擁有公民身分的婦女施以強暴的惡徒，要處以一百德拉克馬的罰款；如果是誘姦，罰款二十德拉克馬；至於賣淫和嫖娼，不受任何懲罰，最後還說：「除非是雅典的財源不足。」

普魯塔克對於梭倫的這項立法大惑不解，認為毫無理性可言，同樣的罪行，或嚴懲不貸，或等閒視之，簡直開玩笑。

其實這項立法有合理之處，目的在引導人們的行為遠離偷情和通姦。因為登徒子偷情、通姦要處以死刑，賣淫、嫖娼卻不受任何懲罰。

這與現今世界的做法完全顛倒，偷情、通姦無罪，賣淫、嫖娼犯法。而梭倫的法律，明顯是給人的情欲一個釋放的管道。就像城市的下水道，雖然汙穢，但不可或缺。與其讓它無孔不入地蔓延滲透，不如提供管道進行疏導。雅典當時的妓院有等級之分，受政府管理，指派叫「波羅特魯尼」（porrotelones）的官員來定期徵收「青樓稅」。

梭倫的座上賓

阿那卡爾西

（Anacharsis，西元前六世紀）

在雅典會見梭倫

阿那卡爾西（Anacharsis）是斯基泰人，並非雅典人。大約在古代第四十七屆奧林匹克運動會期間（約西元前五九一年～前五八八年），他到雅典拜會梭倫，但梭倫的僕人傳話給他說，梭倫只與「自己國家的人」交朋友。阿那卡爾西對僕人說：「我現在就在雅典，就是梭倫『自己國家的人』呀！」

梭倫聽到這個敏捷睿智的回答，感到非常滿意，會見了阿那卡爾西，兩人成為好友。

愛國主義淪為惡棍所用

阿那卡爾西到雅典遊歷一番後，回到祖國斯基提亞。對雅典的風俗和政治讚不絕口，幾乎是言必稱雅典，以至於祖國人認為他有顛覆國家習俗和制度的企圖。

有一次，他與兄弟一起出獵時，兄弟被人用暗箭射死。他扶著兄弟的身體大聲喊道：「在國外，我的名聲帶來安全；在祖國，卻招來嫉恨和毀滅！」據希羅多德的記載，阿那卡爾西也是被同胞殺死。

耶穌（Jesus）說過：「我如實告訴你們，沒有先知在自己家鄉是被人悅納的。」

山繆．約翰遜（Samuel Johnson）則說：「愛國主義是惡棍最後的庇護所。」

魯迅在《隨感錄．三十八》寫道：「『個人的自大』就是獨異，是對庸眾宣戰。除精神病學上的誇大狂妄外，這種自大的人大抵有幾分天才——照馬克思．諾爾道（Max Nordau）等說，也可說就是幾分狂氣。他們必定覺得思想見識高出庸眾之上，為庸眾所不懂，所以憤世嫉俗，漸漸變成厭世家，或『國民之敵』。但一切新思想多從他們出來，政治上、宗教上、道德上的改革，也從他們發端。所以多有這『個人的自大』的國民，真是多福氣、多幸運！

『合群的自大』、『愛國的自大』是黨同伐異，是對少數的天才宣戰——至於對別國文明宣戰，卻尚在其次。他們毫無特別才能可以誇示於人，所以把這國拿來做個影子；他們把國裡的習慣制度抬得很高，讚美得多了不得；他們的國粹既然這樣有榮光，他們自然也有榮光了！倘若遇見攻擊，他們不必親自應戰，因為這種蹲在影子裡張目搖舌的人，數目極多，只需用暴徒（mob）的長技，一陣亂噪，便可制勝。勝了，我是一群中的人，自然也勝了；若敗了，一群中有許多人，未必是我受虧：大凡聚眾滋事時，多具這種心理，也就是他們的心理。」

點評奧運會

針對希臘人的運動會，他曾說：「雅典人禁止鬥毆，卻頒發獎勵給在運動會上相互毆打的人。」「橄欖油是發瘋藥，因為往運動員身上一抹，他們就會瘋狂地互相毆打。」「內行人在運動場上搏擊，卻由外行人頒獎給他們。」

黑格爾說勞動是正經事，為了用物質的力量改變它的自然狀態，來滿足人類自身的生存。而奧林匹克運動會就是不正經的事，雖然耗費體力和熱量，卻不是生產行為，只是為了娛樂。

但正是透過這些不正經的事，人類才超越動物的生存狀態。卡爾・馬克思（Karl Marx）設想的共產主義社會中，沒有一個人是我們所謂的「正經人」，工作不是為了生存，而是為了個人的興趣和愛好，甚至可以上午打魚，下午狩獵，晚上搞哲學批判。（《德意志意識形態》）

弗里德里希・席勒（Friedrich Schiller）的《美育書簡》有一句名言，與黑格爾和馬克思的想法不謀而合，他說：「只有當人在完全充分是人時，他才會遊戲；只有當人在遊戲時，他才是真正純粹的人。」

那些為生存而奮鬥的正經事，都是在動物性存在的層次上掙扎，唯有人在遊戲娛樂時，才找回做人的感覺。所謂不正經的人，就是徹底擺脫異化勞動的人。一本正經的人，無趣，我不想與他們玩；完全不正經的人，危險，我不敢與他們玩。再看「人」字，也是這樣，左傾右斜的局勢中，艱難地維持平衡。

點評商業社會

他看到雅典街市上的人們兜售商品，相互討價還價，不禁感慨說：「希臘人禁止撒謊，但做買賣時卻絲毫不加掩飾。」阿那卡爾西這樣定義集市：一個與眾不同的地方，人們在那裡相互欺騙，使用奸詐的手段與對方博弈。

亞當．史密斯（Adam Smith）在《國富論》發表的看法卻不是這樣，他說：「我從未見過兩條狗會相互交換骨頭。」只有人類會互通有無，進行商品交易。這種交易行為不僅為生活帶來方便，也促進人類智識的發展。他指出，哲學家與挑夫的天賦區別，沒有獵狗與看門狗間的區別更大，後來智識上的巨大差異源於社會分工。

孟子有一段著名的話，與史密斯的論述如出一轍：「且一人之身，而百工之所為備。如必自為而後用之，是率天下而路也。故曰：或勞心，或勞力。勞心者治人，勞力者治於人。治於人者食人，治人者食於人。天下之通義也。」

★前蘇格拉底時期的

阿那克西曼德

（Anaximander，西元前610—545年）

童心未泯的哲學家

阿那克西曼德（Anaximander）是泰利斯的學生，有一次，一群小孩嘲笑他唱歌不好聽，他說：「為了讓孩子開心，我必須提高歌唱水準。」

李贄在《童心說》說道：「夫童心者，絕假純真，最初一念之本心也。若失卻童心，便失卻真心；失卻真心，便失卻真人……童心既障，於是發而為言語，則言語不由衷；見而為政事，則政事無根柢；著而為文辭，則文辭不能達。非內含於章美也，非篤實生輝光也，欲求一句有德之言，卒不可得，所以者何？以童心既障，而以從外入者聞見道理為之心也。」

太陽是地球的二十八倍大

古希臘哲學處於哲學的童年階段，前蘇格拉底哲學家的思想也有一種童真的意味。阿那克西曼德認為地球在宇宙的中心，大地是球形的；太陽有地球的二十八倍大，是一個沒有軸承，卻不停轉動的火球；月亮的光輝是從太陽借來的；世間萬物生滅變化，但總量恆定不變。

人類從魚演化而來

幾乎所有的孩子都問過這個問題：「人是從哪裡來的？」有些母親告訴孩子，人是從外婆家山丘上撿來的石頭變成的。後來查爾斯．達爾文（Charles Darwin）告訴我們，人是從猿進化而來。我不知道哪種說法更有道理，但兩種說法都堅持唯物主義的世界觀，反對「神創論」。

阿那克西曼德思考同樣的問題，他認為人類是從其他動物進化而來。與其他動物相比，人類的嬰幼兒時期和哺乳期太長，根本無法在短期內獨立生存。據此，阿那克西曼德認為，人類如果一開始就是現在的樣子，肯定會滅絕。既然人類沒有滅絕，說明人類之所以成為人類，乃是漸變發展而來。

阿那克西曼德認為，生物的最早起源乃是在潮溼之地，類似魚類。人類原來都是魚，人類胚胎生長的過程中，再現了進化的過程，胚胎起初保持魚類的形態。最後，魚類的形態破碎了，男人、女人能夠獨立維持生命，並且直立行走。

看啊！這大概是最早的進化論觀點，與達爾文的思想若合符節。

事物本質無定論

阿那克西曼德認為，事物的本質或原則不是泰利斯假設的水（因為水的存在必須被解釋），而是無窮或無限，一個永恆不朽的實體，萬物由這一實體產生，又歸於它。他可能用其指向一種無窮的、充滿空間的有生命質料。

對於這一無窮或無限的本質，他沒有進行具體界定，因為他將所有的性質歸於這一無窮或無限。

米利都學派的第三位學者

阿那克西美尼

（Anaximenes，西元前585—528年）

言必稱泰利斯

寫給畢達哥拉斯（Pythagoras）的書信中，阿那克西美尼（Anaximenes）提到晚年的泰利斯依然習慣仰望星空，一次帶著女僕看星星時，忘記自己所站的地方，跌入懸崖而死。阿那克西美尼慨嘆說，米利都人失去他們的天文學家，「讓我們這些學生珍重他的回憶……今後的交談都要以泰利斯開始。」

阿那克西美尼的提議，讓我們想起《論語》記載孔子的話都用「子曰」起頭，意思是：老師這麼說過！而以大迦葉為首的佛陀弟子所編輯的佛教典籍，大多以「如是我聞」開頭，意思是：我從老師那裡聽到的就是這樣。

尊重傳統時，必須明白所謂的傳統都是開創出來的，傳統得以存在的奠基石恰好是革新，而不是守舊。尼采說：「敗壞一種理論的最好方式就是用歪理邪說為之論證。」同理，敗壞傳統的最好方式就是以全盤接受的態度大肆鼓吹。

如果嚴格遵守傳統是最高美德，人類就應該向老鼠學習，因為自開天闢地以來，牠們從來沒有改變過自己的生活方式。

世界萬物由氣而生

阿那克西美尼認為氣（pneuma，或者音譯為「普紐瑪」），是世界的本原，一切從氣中生成，一切復歸於氣。氣圍繞著世界，貫通於世界之中，人的靈魂是由氣維繫著。

《四十二章經》記載，佛陀否定生命在「飯食間」的說法，認為生命存在於「呼吸間」。呼吸斷絕，一命嗚呼。莊子妻死，鼓盆而歌，認為生命是氣化而成，他說：「氣變而有形，形變而有生，今又變而之死。」

宋代理學家朱熹說：「人頭圓象天，足方象地，平正端直，以其受天地之正氣，所以識道理、有知識。物受天地之偏氣，所以禽獸（頭）橫生，草木頭向下，尾反在上。」

《聖經．創世記》開篇說：「上帝的靈運行在水面上。」「上帝的靈」可以譯為「來自上帝的風」，可見「靈」就是「風」。上帝用泥土造人時，向泥人的鼻孔吹一口「氣」，於是人便擁有「靈」。〈約翰福音〉第二十章中，耶穌對門徒吹了口氣，還說：「你們接受聖靈！」

崇拜數字的畢達哥拉斯

（Pythagoras，西元前570—495年）

豐富的知識與遊歷

西元前五七〇年，畢達哥拉斯（Pythagoras）生於薩摩斯島，有人說他的父親是珠寶匠，雕刻指環。畢達哥拉斯年輕時極為好學，離開過祖國，學習一切能學到的學問，從自然科學到神祕主義，乃至雞鳴狗盜之術，無不精通。赫拉克利特（Heracleitus）認為畢達哥拉斯擁有豐富知識，精深的研究超過所有人。

他曾經去過埃及，學會埃及語，進過埃及人的神廟，學習有關神靈的祕密。據說他還被波斯王虜往巴比倫等地，和當地的僧侶有過來往，了解他們的神祕儀式，接受靈魂不滅和轉世輪迴等思想。

返回薩摩斯島時，發現祖國處於僭主的統治之下，做為自由人，他無法忍受強權和暴政，於是乘船去義大利的克羅頓。

閉關修煉四年

在克羅頓，他挖了一個很深的地洞，在裡面躲避很長時間，有人說是四年之久。這段期間，他叮囑母親把外面發生的一切事情記錄下來，及時遞送給他閱讀，他的母親就照做了。

四年的閉關結束，畢達哥拉斯從地洞走出來，身形枯槁，猶如一具屍體。然而，當他走進人群時，能夠清楚地述說所見之人這些年的經歷。眾人無不驚駭，備受感動，有人甚至號啕痛哭，紛紛把畢達哥拉斯視為聖人。

地獄的見聞

畢達哥拉斯自認是神話中眾神的信使荷米斯（Hermes）的兒子，但不少人認為他是醫藥之神阿波羅（Apollo），也有人認為是極北之地的阿巴里斯（Abaris the Hyperborean）。畢達哥拉斯聲稱去過地獄：「在那裡度過二百零七年後才返回人間。」

據說，畢達哥拉斯下地獄時，看到海希奧德（Hesiod）的靈魂飛快地撞向銅柱，還嘰哩咕嚕地說著什麼，而荷馬的靈魂則吊在樹上被大蟒蛇纏著。這是他們遭受的懲罰，因為他們在自己的詩篇中說了諸神的壞話，他還說看到對妻子不忠的人正在遭受毒打。

開宗立派第一人

克羅頓在畢達哥拉斯的協助下，被治理得井然有序。他透過演講，進忠言給元老院；政府訓諭中，提出恰到好處的告誡給青年們；把學生從各自的學校召集起來，對他們講話；而且還召集過一次婦女集會，對婦女發表演講。

他幾乎被人們視為奧林帕斯山的神祇下凡，來到世間為人們帶來幸福和哲學的火花。在這種聲譽和妻子、兒女的幫助下，他開創第一個真正的哲學派別，或者說是社團，據說達到六百多人。

入會並非易事，志願加入的人要通過文化的測試，服從訓練，對志願加入者的行為和喜好都要調查。這個盟會裡，大家過著完全合乎規律的生活，食衣住行和作息都要按照鐘點進行，有嚴格規定。此外，如果要入會，必須把自己的財產交給盟會，因為畢達哥拉斯認為「朋友之間要分享一切」。當然，退出盟會時，會歸還這些財產。

正式會員被分為周邊分子和核心分子，周邊分子需要經過五年修煉，被稱為聽眾，屬於低級學員。核心分子被稱為學生或數學家，更高級的會員被稱為物理學家或哲學家。

神祕的教規禁忌

畢達哥拉斯的盟會具有神祕主義的傾向，有一系列奇奇怪怪的禁忌和相應的戒律，例如不要穿鞋子獻祭和禮拜；不要用鐵器撥火；可以幫人增加負擔，切莫幫人減輕負擔；穿鞋先穿右腳，洗腳先洗左腳；不要橫跨欄杆；切勿戴指環；切勿在燈旁照鏡子；切勿食心臟；切勿在剪下的頭髮、指甲上吐唾液；不要對著太陽小便；不要養有鉤爪的鳥；不要讓燕子停留在屋簷下。

還有，千萬不要吃豆子。

死於豆子的禁忌

畢達哥拉斯名聲愈來愈大，愈發被人神化。有人說他走到河邊，河水就向他歡呼；有人說見過他咬死一條毒蛇；有人說他在奧林匹克運動會上看比賽，無意間露出大腿，別人看到他的腿金光閃閃。

克羅頓有個叫庫隆的人，出身顯貴，聲望卓著，富甲一方，但專橫跋扈、暴戾恣

睢。他非常想加入畢達哥拉斯的盟會，但被拒絕。庫隆惱羞成怒，決定懲罰畢達哥拉斯。

畢達哥拉斯和學生集會時，庫隆派人放了一把火把房子燒掉。大火讓很多人喪命，只有少數人逃出去。畢達哥拉斯帶領弟子逃跑，碰見一片豆田橫亙在面前，於是停了下來。還記得「千萬不要吃豆子」的禁忌嗎？豆子是神聖的，碰不得。畢達哥拉斯寧願被抓，也不願意穿越豆田。

結果，庫隆的人馬追上來，割斷畢達哥拉斯的喉管，同時被殺的還有四十多個弟子。

關於男女交合

畢達哥拉斯的妻子叫特阿諾（Theano），他們育有一兒一女。畢達哥拉斯相當尊重女性，他說男人的配偶有著神聖的名字：首先叫貞女，然後叫新娘，最後叫母親。

談到色欲時，他說：「冬季尋求性的快樂，夏季應予以戒絕，雖然春、秋季節害處少一點，但始終有害，不利健康。」有人問他什麼時候可以交合，他說：「在你想失去擁有的力量之時。」

曾有人問特阿諾，女人與男人交合需要多少天才會變得潔淨，她回答：「若與自己的丈夫則立刻潔淨，若與其他男人則永遠不會。」她建議女人與丈夫交合時，應該把衣服和羞恥一起脫掉；離開丈夫時，應該將衣服和羞恥一起穿上。有人繼續問：「穿上什麼？」她回答說：「使我們稱作女人的東西。」

以數學解讀世界

畢達哥拉斯有一次走進一間鐵匠鋪，從鐵匠打鐵時發出的和諧聲音中得到啟發。他比較不同重量的鐵錘打鐵時發出的不同聲音，從而測定不同音調間的數量關係。之後，他在琴弦上做進一步試驗，找出不同音程間存在的比率關係。

畢達哥拉斯一反早期自然哲學家從具體的物質形態中尋找世界本原的方法，而是最大限度地擺脫感性，將理性思辨做為尋找真理和真相的途徑。因此，畢達哥拉斯非常注重數學，認為數學是世界的本原。據說，當他發現直角三角形斜邊的平方是兩條直角邊的平方之和時，非常激動，宰殺了一百頭牛向諸神獻祭。

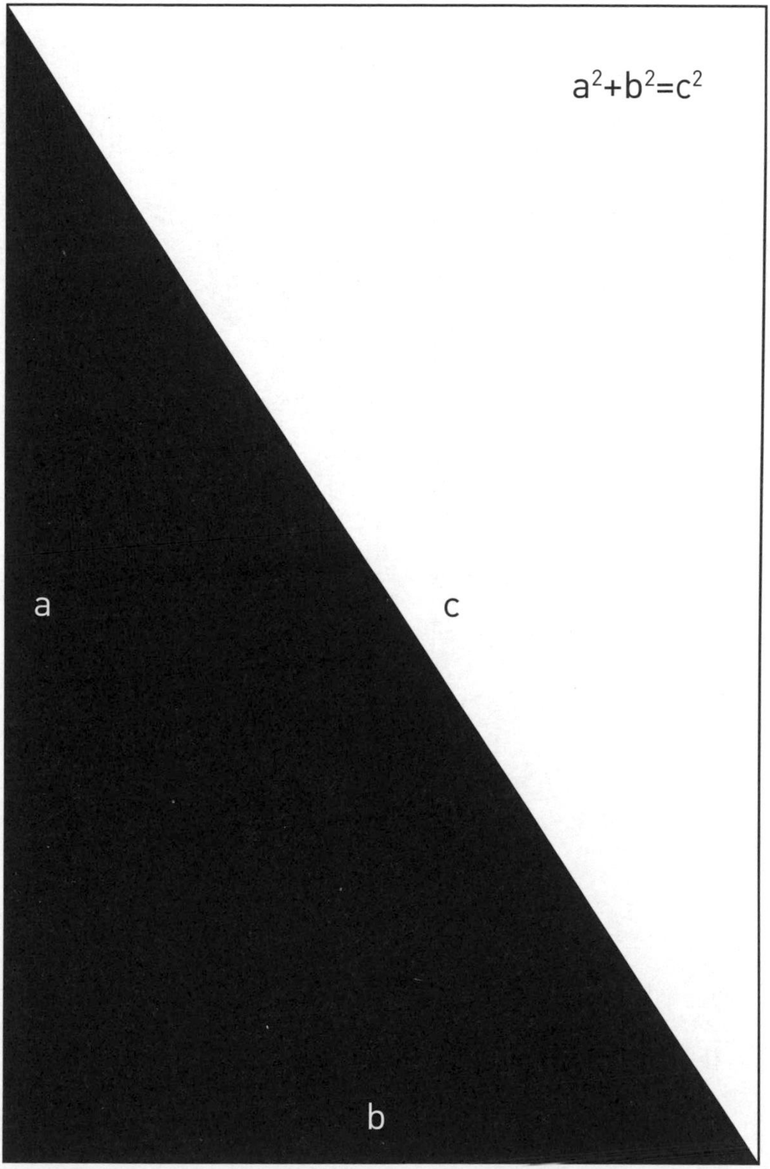
$a^2+b^2=c^2$
a
c
b

靈魂的三種追求

馬克思的墓誌銘刻寫著《關於費爾巴哈的提綱》的一句話：「哲學家們只是用不同的方式解釋世界，問題在於改造世界。」簡言之，他認為以前的哲學毛病就是不結果實，能夠改造世界的哲學才是真正有用的學問。

但畢達哥拉斯認為，靈魂有三種高下不等的追求，即沉思、榮譽和利益。如果將人世比作奧林匹克運動會場，則有人是來做生意，有人是來比賽、爭奪榮譽，只有少數人是旁觀沉思。如果以功名利祿為標準來衡量哲學有用無用，就如同用商人的標準來評價戰士，用耳朵的功能來衡量眼睛。只有當哲學的研究對象轉向現實世界，哲學才獲得新生。

靈魂與輪迴

畢達哥拉斯認為宇宙是神的自我實現，同理，身體是靈魂的自我實現。整個宇宙充滿著精靈或英雄的靈魂，是它們送給人夢幻和有關未來的預兆。其實不僅送給人，也送

065 崇拜數字的畢達哥拉斯

給羊和牛，人的生命中最重要的事情就是獲得駕馭靈魂的技藝。生命誕生時，靈魂進入身體；生命消逝時，靈魂復歸虛空。蠟塊可以接受不同印記，但還是原來的蠟塊；靈魂可以進入不同身體，但還是原來的靈魂。因此，靈魂可以輪迴。

畢達哥拉斯相信：「同一個具體事物將會再現，你們將來還會像現在一樣坐著，而我將再次對你們講話，手裡拿著這根教鞭，其他事物都會和現在一樣再現，當然，相信那時的時間也和現在一樣。」

數字從一到十各有意義

畢達哥拉斯學派認為一是形式或雄性的本原，是理性和善；二是質料或雌性的本原。一的變化導致過或不及，從而生成一的對立面，因此二是惡和黑暗的來源。三代表開始、中間和結束，是一個完整過程，象徵著全體。三可以構成三角形，成為封閉的整體。因此，畢達哥拉斯學派將三運用到巫術和咒語中，具有神祕的意義。

四的重要性僅次於一，有很多象徵意義，例如象徵點、線、面、體；象徵春、夏、秋、冬；象徵人、村、城、國；象徵理性、知識、意見、感覺；象徵幼年、青年、中年、老年。

五象徵婚姻，因為它是奇數三和偶數二的結合，象徵著男女陰陽的結合。

六是五和一相加的結果，因為五和六自乘後，最後的個位數依然是五和六。因此，畢達哥拉斯學派認為六象徵轉世輪迴。

七是非常獨特的數字，因為二產生四，三產生九和六，四產生八，五產生十，而四、六、八、九和十都是被產生的，只有七既不產生任何數，也不被任何數產生，就像女神雅典娜一樣，她沒有母親，永遠是處女。

八是二的三次方，象徵和諧與友誼。九是三的平方，是數字序列的轉捩點，強大到可以制約十的作用，象徵著正義。當然，最後的十象徵完善。

吟遊詩人

色諾芬尼

（Xenophanes，西元前565—475年）

四處漂泊

「吟遊詩人」聽起來很浪漫，但其實就是窮困無依，靠賣唱維持生計的人。色諾芬尼（Xenophanes，亦譯克塞諾芬尼）在富人和貴族的宴會上吟唱海希奧德和荷馬的詩篇，以此獲得食物和報酬。

根據他的詩歌得知，二十五歲後離開家鄉，據說是被母邦放逐。色諾芬尼此後在希臘漂泊六十七年，如此計算，他至少活了九十二歲。大約是生於西元前五六五年，死於前四七五年，甚至更晚。

據第歐根尼記載，他親手埋葬了自己的兒子。這是壽命太長的壞處：死在兒子的後面。

批評希臘多神論信仰

色諾芬尼吃的是荷馬與海希奧德的飯，卻專門批評這兩位先賢作品的思想內涵。或許，吃誰的飯，才有資格砸誰的鍋。正是因為端這個飯碗，才深知其中的冷暖和滋味。

色諾芬尼說《荷馬史詩》描繪的英雄和諸神，不但會醉酒、淫亂，還彼此欺詐，紛爭不斷。「我不相信神欣賞不正當的愛情，不相信神靈們真的會犯罪，也不認為一個神要去統治另一個神。因為倘若真的是神，他就不欠缺任何東西，那些都是歌詠者的無稽之談。」

色諾芬尼帶有諷刺地指出：「衣索比亞人說他們的神是黑皮膚、扁鼻子；色雷斯人說他們的神是藍眼睛、紅頭髮。」並說：「假如牛、馬和獅子都有手，而且像人一樣能用手畫畫和塑像，牠們就會各自照著自己的模樣，馬畫出或塑成馬形的神像，獅子畫出或塑成獅子模樣的神像。」

這種對「神人同形同性」的宗教的批評，直指古希臘人傳統的多神論信仰。

將神視為一個整體

色諾芬尼心目中的神，無論形體還是性質，都與凡人完全不同。這個神不會穿衣吃飯，不會到處跑，一會兒在這，一會兒在那，永遠存在，不生不滅、不增不減。這個神無所不知，全視、全思、全聽，祂不用花費力氣就能管理和協調世界，以心靈和思想使

萬物活動。

神是永恆的——沒有開端，沒有結束。用沒有什麼事物能與之相比來說，神是無限的；以神是一個球體、一個具有完善形式而非沒有形式的無限而言，他是有限的。做為一個整體，神是不動的，因為運動與神做為存在的統一體是不一致的——但在神的各部分又存在著運動或變化。

這種將神視為整體的「一」的觀點，毫無疑問影響了後來的巴門尼德（Parmenides）。

萬物由土與水生成

色諾芬尼沒有提出本體論或宇宙論假設，但確實提出某些自然科學理論。從石頭中的貝殼和海洋產物的印跡等證據中，他推斷包括人在內的所有生物，都是從水和土形成與成長。以前，大地和海洋混合在一起，但隨著時間推移，大地從潮溼中擺脫，某一天還會沉入海中，變成泥漿，而物種將重新開始形成。他將太陽和星星視為燃燒的雲，每天熄滅、燃燒。

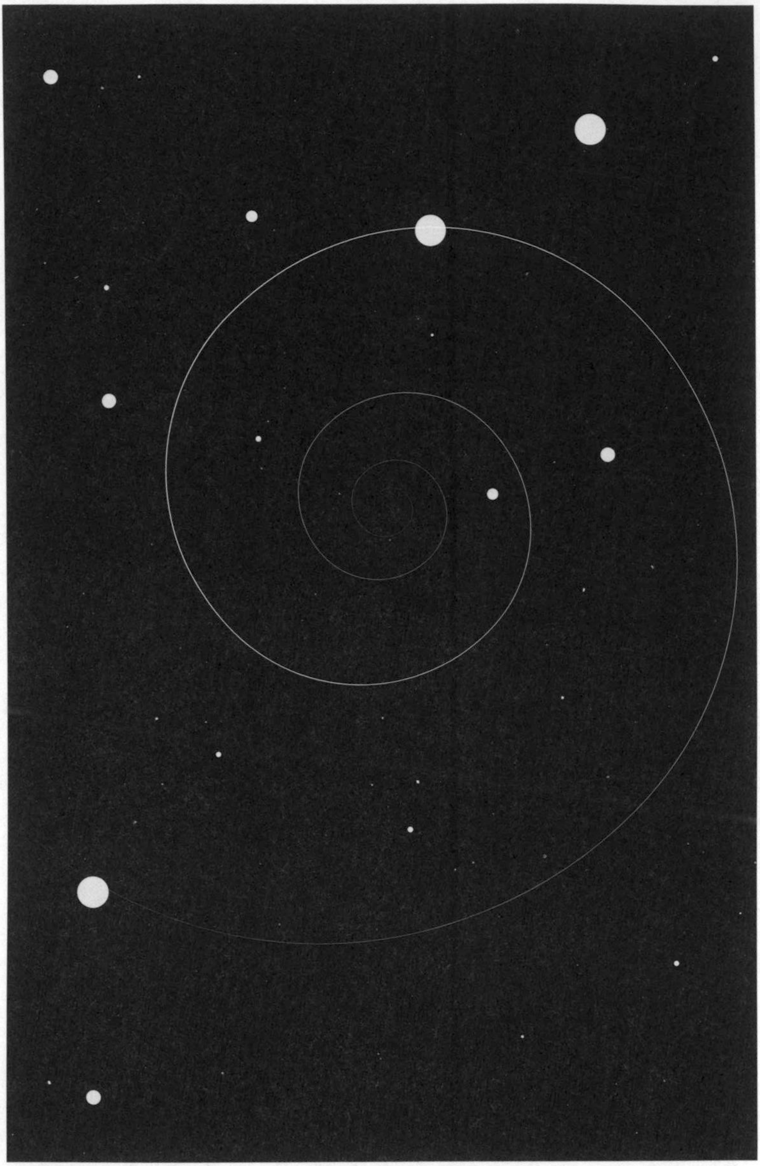

哭的哲學人

赫拉克利特

（Herakleitus，西元前540－480年）

生性孤傲，鄙視流俗

赫拉克利特（Herakleitus）約生於西元前五四〇年，鼎盛年在古代第六十九屆奧運會期間，即西元前五〇四年至前五〇〇年。他是以弗所人，據說原本可以繼承王位，但他將王位讓給兄弟。

赫拉克利特相當自負，他在書中說：「博學不能讓人有智慧，否則早已讓海希奧德、畢達哥拉斯，或者色諾芬尼和赫卡塔埃烏斯（Hecataeus of Abdera）智慧了。」以弗所人放逐他的好友，所以他痛恨家鄉的人，甚至說道：「所有以弗所的成年人都應該去死。」

有一次，他在神廟陪一群小孩子玩石子，有以弗所人站在旁邊看，他說：「混蛋，有什麼好奇怪的，這難道不比參加你們的公民生活更好嗎？」

後來赫拉克利特的名氣很響，波斯王大流士一世（Darius the Great）親自寫信盛讚他的學問，並邀請他到波斯宮廷講學。但赫拉克利特回信寫道：「我懼怕顯赫，不能去波斯；我滿足於渺小，只要這種渺小適宜於我的心靈。」

最終遭狗吞食

赫拉克利特憤世嫉俗，愈來愈厭惡同胞，不願意待在人群之中，後來索性到山間流浪，可謂「侶魚蝦而友麋鹿」。但明顯不是孔子的選擇，孔子明確表示：「鳥獸不可與同群，吾非斯人之徒與而誰與？」總不能和鳥獸一起生活吧！不和人類一起，又能和誰在一起呢？還是流露出滿滿的無可奈何之情。

由於長期吃草根、樹皮，過著「伯夷叔齊」般的生活，赫拉克利特得了水腫病。他私下詢問醫生，大雨過後，如何讓大地快點乾旱？醫生感到莫名其妙，沒給出什麼法子。但赫拉克利特心想，牛糞能夠發熱，可以祛除體內的水氣，於是躺在牛棚裡，用牛糞把自己埋起來。

第二天，赫拉克利特死在牛糞中。有人想把牛糞扯下來，但與他的皮膚黏得很緊，分不開。人們把他埋在市集附近，後來他的屍體被野狗吞食了。

對立與統一，衝突與和諧

赫拉克利特認為，原始的統一體處於不斷運動變化中；它的創造是毀滅，它的毀滅是創造。當原始的統一體變成其他事物，例如從火變成水，火就消失在一種新的存在形式中。每一事物都變成對立面，因此每一事物都是對立性質的統一體。不存在持久的性質，因此沒有事物能夠憑藉性質而保持不變。每一事物既存在，又不存在；普遍的過程就是一種條件到它的對立面的轉化，在這層意義上，每一事物都在自身內與對立面結合。只有這樣的對立才使世界成為可能。例如，音樂的和諧是由於高音和低音的結合形成，也就是說，是從對立面的統一中形成。

世界被衝突支配：「戰爭是萬物之父，萬物之王。」如果不是因為衝突或對立，世界就會停滯、毀滅。「一劑藥如果不攪動就會分解為它的成分。」對立和衝突統一起來就成為和諧。實際上，沒有包含內在對立和衝突的運動變化，就不可能存在這樣的秩序。最終，對立面將會在這一普遍原則中和解，世界將會回到火的最初狀態，而火就是理性，這一過程又重新開始。

在此意義上，好和壞是一樣的。「生和死，清醒和睡夢，年輕和年老都一樣；因為

079 哭的哲學人
赫拉克利特

後者會變成前者，而前者又會變成後者。」

對上帝來說，所有事物都是公平、良善和公正的，因為上帝按照事物應當具備的樣子來安排，使所有事物在整體的和諧中達到完善；但人類錯誤地認為有些事物不正義，而其他事物是公正的。

和諧是對立面的統一，這個法則統治著變化過程，不應當被解釋為過程外的東西，因為過程和其法則相同。

萬物皆由邏各斯支配

赫拉克利特看來，宇宙的法則並非偶然和任意，而是依據「確定的準則」，或者像今天說的由準則支配。「事物的秩序既不是上帝制定，也不是人制定，過去、現在和未來一直是永遠運動的火，根據這個確定的準則燃燒和熄滅。」

赫拉克利特有時把事物的秩序說成是命運或正義的作為，因此將必然性的觀念引入變化哲學中。所有的變化和衝突中，一直能持續保持自身的就是這個不可阻止的法則，所有的運動、變化和對立都以它為基礎；它存在於事物中的理性，是邏各斯

（logos）。因此始基（即本原）是理性的，它是有生命的，並被賦予理性。「只有這一原始基質才是有智慧的，它能夠理解貫穿於一切事物之中並指導萬物的理智。」

我們不能完全確定他究竟是將其設想為有意識的理智，還是非個人的合理性；邏各斯學說被認為在這兩種方式上都對後來的哲學產生影響，但可能後一種解釋更為常見。

保持靈魂乾燥與溫暖

赫拉克利特將心理學和倫理學建立在他的宇宙理論上，人的靈魂是宇宙之火的一部分，由它滋養，我們呼吸火並透過感官來接受它。最乾燥和最溫暖的是最好的靈魂，很像宇宙之火的靈魂。感覺知識比理性知識低級；眼睛和耳朵是最壞的見證者。沒有反思的感知不能向我們顯示隱藏的真理，只有理性才能發現真理。

人身上的支配性元素是與神聖理性相似的靈魂，道德行為中，人必須使自己服從普遍理性，即充滿事物的法則。「那些言談明智的人，必須牢牢堅持所有事物中的普遍要素，就如城要堅守法律一樣，而且必須更加有力地堅持。因為所有人類的法律都是由一個神聖的法則滋養。」合乎倫理規範就是過一種有理性的生活，遵守理性的命令，而理性對我們所有人，乃至整個世界來說都一樣。「雖然理性是共同的，但大多數人在生活中好像認為他們對理性有獨特的理解。」合乎道德意味著尊重法則、自律、控制情感，就是要讓理性原則來約束自己。

赫拉克利特著作中的一些話顯示其倫理學背後高尚的理想主義，如「人民必須保衛法律，正如保衛城垣一樣」、「品格是一個人的守護神」、「和情欲抗爭很困難，因為情欲要得到的任何東西，都會以靈魂為代價來換取」、「在我看來，一個最優秀的人抵得上一萬人」。

赫拉克利特蔑視大眾，認為「他們相信街頭賣唱的人，以庸眾為師，而不知道多數人是壞的，只有少數人是好的」。人生至多是一場悲慘的遊戲：「人生像一個小孩在玩跳棋；王國是屬於兒童的。」「人像黑夜中的燈，被點燃後又被熄滅。」

他還對流行的宗教表示蔑視：「他們用血淨化自己，就像一個人陷入泥潭中卻希望用泥漿洗淨自己。如果有人看到他這樣做，會認為他發瘋了。他們向這些偶像祈禱，就像一個人對自己的房子說話一樣，因為他們不知道神或英雄是什麼。」

萬物流變不止

克拉底魯（Cratylus）是赫拉克利特的學生，柏拉圖（Plato）在《克拉底魯篇》記載：「據說赫拉克利特說過『萬物都在運動中，沒有靜止的東西』，將它們比作河流，說你不可能兩次踏入同一條河流。」萬物流變的說法，將直接導致包括人在內的事物的同一性（identity）問題。如果一個事物每出現一絲一毫改變，就不再是原來的它，而是變成另一個東西，會讓整個世界陷入混沌，人類將無法理解任何事物，無法獲得任何知識。

假設有一艘船，以古希臘神話英雄忒修斯（Theseus）命名。此船年久失修，原來的木甲板被一塊一塊拆卸下來，並換成鐵甲板，直到整艘船都變成鐵甲船。但船上的船員仍習慣稱之為「忒修斯之船」，即使這艘船與原來的木船沒有一絲一毫的相同之處。此時，有好事者將原來拆卸下來但沒有丟棄的木甲板重新組合，結構與最初的「忒修斯之船」一模一樣。現在的問題是，鐵甲船是「忒修斯之船」，還是這艘重新組合的木船才是真正的「忒修斯之船」？或者說，木製的「忒修斯之船」與鐵甲「忒修斯之船」還是同一艘船嗎？如果已經不是同一艘船，是從什麼時候開始，「忒修斯之船」不再是原來那艘船？我們將木船逐漸轉變為鐵船的過程形象化地表示如下：

ABCD→BCDE→CDEF→DEFG→EFGH

有人認為當木製的「忒修斯之船」換下第一塊甲板時，就不再是原來的船，但這種界定方式會產生極嚴重的後果。假想一個荒謬的情景：上個月你向同學借二千元買一部手機，今晚他去宿舍要你還錢，但你慢條斯理地拿著指甲剪，把手指甲剪完後，跳起來說：「我已經卸下十塊『甲板』，已經不再是原來向你借錢的那個人。誰向你借錢，你就找誰要。現在的我沒有向借你一分錢，當然不需要還你一分錢！」

王夫之曾提出人性「日生日成」的觀點，在《思問錄．外篇》引用張載的話，人的爪髮、肌肉，日長日消，但人不自覺而已。

有人可能會改口，就把換下最後一塊甲板的時刻看作「忒修斯之船」發生質變的時刻。然而，將發生改變的時刻界定在更換最後一塊甲板時，與界定在更換第一塊甲板的時刻相比，沒有本質的差別，會導致同樣的結果：一個事物只需要發生一點微小變化，就不再是原來的事物。

古希臘哲學的墨伽拉學派有一個「禿頭」詭辯，說「拔一根頭髮就能造成一個禿頭」。拔下一個人的第一根頭髮時，他當然還不是禿頭，但可以持續拔，直到只剩下兩

拔掉人的一根頭髮會成為禿子嗎？
不會
……

根頭髮時，還可以梳中分的髮型。再拔一根，就剩下最後一根；把這最後一根頭髮也拔掉，禿頭頃刻間就出現了。人每邁出一步，膝蓋都要承受身體的重量，很多細胞因此犧牲。我邁出這一步後，就變成一個完全不同的全新的人嗎？

★世間的一切變化都是幻象

巴門尼德

（Parmenides，約西元前515—五世紀中葉以後）

高不可攀的立法者

據柏拉圖的《巴門尼德篇》記載，當蘇格拉底還是個二十來歲的年輕人時，巴門尼德已經六十五歲，是個白髮蒼然的老者。蘇格拉底死於西元前三九九年，據此推算，巴門尼德約生於西元前五一五年至前五一〇年之間。

巴門尼德是埃利亞人，出身豪門，據說曾為自己的祖國立法，使母邦井然有序，以至於埃利亞的執政官，每年都要遵循他所立的法律向公民宣誓。

柏拉圖的《泰阿泰德篇》中，蘇格拉底說：「巴門尼德年老時，我見過他，那時我還年輕，感覺他的話深奧難懂，高不可攀。」事實上，柏拉圖的思想受到巴門尼德的深刻影響。黑格爾在《哲學史講演錄》高度評價巴門尼德說：「真正的哲學思想從巴門尼德開始，裡面可以看見哲學被提高到思想的領域，使一個人從一切表象和意見中解放出來。」

不可憑藉感官認識真實

事實上，巴門尼德在本體界和現象界間做了區分，人的眼、耳、鼻、舌、身獲得的感性材料都屬於現象界，而人的理性思維理解的世界則是本體界。現象界的一切，因人而異、因事而異、因時而異、因地而異，萬物莫不處於流變，就其可以用感官把握而言，是存在的；就其無時無刻不在變化而言，又是不存在的。以感官為標準判斷這個世界，就會陷入相對主義的紛爭。

巴門尼德堅持「思維與存在同一」的原則，或者說就是邏輯的原則，這條原則明顯是用來批評「意見之路」。因為邏輯推理的方式，拋棄感性的材料，避免了感覺的不確定性。例如A大於B，B大於C，從中可以推導出A大於C，只要是心智正常的人，都不會產生異議。然而，臭豆腐是否好吃這樣的問題，就會有不同回答。

巴門尼德說：「不要讓積習迫使你走上這條小路，不要為盲目的眼睛、轟鳴的耳朵和舌頭所控制，要憑藉理解力決斷那些爭吵不休的問題。」

存在是不生不滅，永恆不變

巴門尼德是埃利亞學派的形上學家，他向赫拉克利特的學說提出挑戰，赫拉克利特認為萬物都在變化，火變成水，水變成土，而土又變成火，事物開始存在，然後又不存在。巴門尼德說這怎麼可能，一個事物怎麼能既存在又不存在。一個人怎麼能思考這種矛盾？一個事物怎麼能改變性質？一種性質怎麼能變成另外一種性質？說存在這種變化，就是在說某物既存在又不存在，某物能夠產生於無，某物能夠變成無。

或者使用另外一種證明思路：如果存在是生成，必定或產生於非存在，或者產生於存在。如果產生於非存在，它產生於無，這是不可能的；如果產生於存在，它就是產生於自身，等於說它與自身是同一的，因此一直是這樣。

存在沒有間斷與虛空

按照巴門尼德的邏輯，從存在中只能產生存在，沒有事物能夠變成其他事物，無論什麼事物都總是已經存在，並將一直存在，任何事物都總是其所是。因此，只可能存在一個永恆的、非起源於他物的、不變的存在者。

既然這個存在者總是相同，除了存在之外沒有其他東西，必定是連續的和不可分的。這個存在者裡沒有間斷，如果間斷是真的，這個間斷自身就是存在者，而存在者是連續的；如果間斷不是真的，這個間斷就不存在，存在者還是連續的。

而且，存在者還必定是不動的，因為沒有非存在（沒有存在者的空間）讓存在者在其中運動。而且，存在和思維是一回事，因為不可能被思考的就不可能存在；不可能存在的，例如非存在，就不可能被思考。也就是說，思維和存在是同一的；任何能夠被思考的東西都是存在的。這樣，巴門尼德可以被認為是一位理性或辯證的唯心主義者。

存在與思想同一

走上「意見之路」，用感官認識世界，人們得到的是生滅變化的無常世界，是經驗世界或現象界。走上「真理之路」，用理性理解世界，人們得到的是不生不滅的本體界，是永恆的「一」。

存在是一，不是多，不生不滅，沒有變化，永恆存在。「一」不像經驗中的事物，不存在於「時間」中。

時間在流逝，如果「一」流逝到將來，就比自身年長。「一」是自身與自身的等同，怎麼會比自己「年長」呢？「一」不像經驗中的事物，不存在於「空間」之中。具體事物要被空間包含，包含一定的空間，存在是「一」，如果被包含，就比自身小；如果包含自身，就比自身大——都是自相矛盾。

甚至不能說「存在是完滿的一」，如果「存在」加上「完滿」才是「一」，這就已經是「二」了；如果「存在」加上「一」才「完滿」，那麼「存在」本身就不「完滿」了。

看到巴門尼德的以上論述，大概會有一種感慨：「他的腦袋有問題呀！」要知道，巴門尼德堅持一個原則：存在與思想同一。違反邏輯的事物沒辦法思想；違反邏輯的事物自相矛盾；凡是自相矛盾的事物，都不是「真理」，不是真正的「存在」。

存在猶如一顆圓球體

巴門尼德存在的哲學標誌著古希臘理論思辨的性質，但他並未因此完全擺脫感性因素和直觀表象，他依然認為「存在」是一個具有形體的東西。

巴門尼德說：「有一條最後的邊界在所有方面都封閉著，有如一個滾圓的球體，從中心到每一邊都距離相等，不應當在任何地方多一些或少一些。既沒有什麼非存在妨害存在的東西相聯結，不會這裡大一些、那裡小一些，完全沒有任何差別，從所有方面到中心的距離都相等，在這個界限內保持一致。」

感官知覺導向幻覺

一方面，邏輯思維驅使我們將世界設想為一個不變、不動的統一體。另一方面，感官知覺則顯示一個複雜變化的世界：就是表象和意見的世界。至於這樣的世界是如何存在，或者如何才能感知這個世界，巴門尼德沒有告訴我們。思維和幻覺間的差異在赫拉克利特的哲學中具有相當的合理性，他透過保持在變化過程中每一時期的恆定比例解釋永恆的幻覺。這種差異在巴門尼德的框架中不一致，在一個同質、連續的存在者中，錯誤和幻覺具有什麼樣的位置？

巴門尼德還提出一個基於感官知覺的關於「幻覺」的學說，根據這一學說，存在者和非存在者都存在，因此會有運動和變化。世界就是溫暖、光明的元素和寒冷、黑暗的元素兩種基質混合的結果。人的思想取決於他體內元素的混合，溫暖元素感知世界上的溫暖和光明，其他元素則感知其對立面。思想由於冷或熱占有優勢而發生變化，來自熱的更善良、更純潔，不需要某種均衡。冷與熱的混合產生記憶或遺忘，但赫拉克利特沒有說明，冷與熱處於均衡狀態時，思維是一種什麼樣的狀態。

★阿基里斯追不上烏龜

埃利亞的芝諾

（Zeno of Elea，西元前490－425年）

耿直不屈的政治鬥士

埃利亞的芝諾（Zeno of Elea）約生於西元前四九〇年，是巴門尼德的弟子和養子，性格耿直，不能容忍別人的辱罵。有人指出他的缺點時，芝諾回答：「若是被罵了還不許生氣，被人誇讚就不應該高興。」

芝諾曾密謀推翻僭主，但因消息走漏而被捕入獄。暴君問他誰是同黨，他招呼暴君走向前來，然後死死咬住僭主的耳朵不放，直到民眾被芝諾的義氣所激，群起而上，將暴君毆打致死。也有人說，芝諾咬斷自己的舌頭，含血噴向僭主。暴君在盛怒之下，把芝諾放到石臼中錘擊而死。

芝諾為了維護師父巴門尼德的哲學觀點，提出四個著名悖論，用歸謬反證法證明「存在是一」，就是接下來的四點。

從A點永遠走不到B點

如果存在是「多」而不是「一」，如果空間和時間可以分割，我們甚至無法從A點走到B點，例如從臺北走到高雄。因為A與B之間還有中點C，而A與C之間還有一個中點D，如此下去，以至無窮。如果還沒有完成一半的路程，如何走完全部的路程？

這種觀點如同《莊子．天下》說的：「一尺之棰，日取其半，萬世不竭。」有人想擁有花不完的錢，這很簡單，只要遵循「每次只花一半」的原則就行了。

犬儒學派的標誌性人物第歐根尼與芝諾辯論時，一言不發，走來走去，以此來反駁他的論題。此後，第歐根尼的學生稱讚老師的做法高明，但他不滿意，斥責這個學生說，我們用理性來立論，也應該用理性來反駁，而不應該訴諸感官。根據事實說話的人，未必就是在講道理。

阿基里斯追不上烏龜

如果先讓烏龜爬一公尺，然後讓阿基里斯（Achilles）從起點處追趕。當阿基里斯走一公尺時，烏龜往前爬一百公分；當阿基里斯走一百公分時，烏龜往前爬十公分；當阿基里斯走十公分時，烏龜往前爬一公分，如此下去，以至無窮，則阿基里斯永遠追不上烏龜。

微積分的假定是無窮接近，就是等於，○．九的無窮迴圈等於一。但「無窮」無法具體化，你能夠寫出一個無窮接近從而等於一的○．九的迴圈嗎？不能！只要依然在對時間和空間進行具體的分割，阿基里斯就走在無窮接近烏龜的路上。記住，是「無窮」接近，但永遠無法到達。

飛箭不動悖論

中國有類似的論題，即《莊子．天下》中的話：「飛鳥之景（影），未嘗動也；鏃矢之疾，而有不行不止之時。」只要時空可以分割，每個時間點上，箭頭都停留在固定的空間點。如同被移到右手中的粉筆，它是靜止的。無數個零加在一起還是零；無數個靜止連綴在一起還是靜止。所以，感官把握到的「飛箭」，其實始終處於靜止的狀態。

這些論證令人瞠目結舌，當然不會被常識採信。這正是芝諾要達到的目的，好吧！如果覺得結論太荒謬，就把前提一併捨棄吧！這個前提就是「存在是多」，時空可以分割。

如此一來，人們就只好接受巴門尼德的觀點，即「存在是一」。

一半等於一倍論證

「一半等於一倍」，這個論證揭示出運動的相對性。

A是靜止序列，B序列和C序列的端點都在A序列的中點，也就是說，B序列和C序列都和A序列有一半長度的重疊。現在，B序列和C序列開始沿著相反的方向運動，與A序列完全重疊時，就呈現出如下頁圖所示的狀態。

對於B序列而言，如果它以A序列為參照系，只走了自身一半的路程；然而，如果以C序列為參照系，則走了自身一倍的路程。這就是芝諾所謂「一半等於一倍」的意思。

	A_1	A_2	A_3	A_4	
	B_1	B_2	B_3	B_4	→
←	C_1	C_2	C_3	C_4	

證明神性而跳入火山的

恩培多克勒

（Empedocles，西元前495—435年）

政治生涯的開啟

恩培多克勒（Empedocles）生活在約西元前四九五年到前四三五年，出身顯貴，家庭富有，身懷異能，聰穎果敢。羅素（Bertrand Russell）稱他是「哲學家、預言家、科學家和江湖術士的混合體」。他曾學習過色諾芬尼的詩作，和畢達哥拉斯的信徒有過往來，有人說他剽竊過畢達哥拉斯的思想。很有可能是他接受畢達哥拉斯的一些信仰，例如反覆告誡人們「千萬不要吃豆子」。此外，恩培多克勒和芝諾是同學，曾師從巴門尼德。

有一次，恩培多克勒應邀參加宴席，大家圍坐在桌子旁，主人遲遲不上酒、不開飯。恩培多克勒發怒了，要求立即上酒，主人解釋說，因為元老院的長官尚未到來。等那人來了之後，看到酒已經上桌就發飆說：「你們要嘛把酒全部喝完，要嘛把酒澆到自己頭上。」恩培多克勒沉默不語，第二天就彈劾這個官員和宴會主人，他們分別被判處死刑和遭受譴責。

就這樣，恩培多克勒開啟了政治生涯。

擁護民主和自由

恩培多克勒崇尚奴隸主民主制，出生於阿格里真托。有一次，國家發生政變，為了粉碎貴族派勢力，恩培多克勒解散已經成立三年的「千人議會」，證明自己不僅是富人，同樣擁護群眾的事業。

據說他為阿格里真托制定自由憲法，使所有公民皆有同等的權利。當國人對他的尊敬達到要求他做國王的高度時，他拒絕請求，甘心繼續做個受人敬重的老百姓。

反對奢華，周濟貧寒

恩培多克勒看到家鄉的人們生活得非常奢侈，諷刺說：「阿格里真托人過得奢侈無度，就像明天要死去一樣；但他們又把房子建得非常牢固，就像永遠不會死去一樣。」

有一個頗有名氣的醫生去世了，兒子想為他豎立一座紀念碑。但恩培多克勒發表演講制止，他說：「難道偉大的城邦要被他的紀念碑踩在腳下？」恩培多克勒仗義疏財，周濟貧寒，為那些沒有嫁妝的少女置辦嫁妝，贏得廣泛讚譽。

頭戴月桂花環，以神自居

有人說恩培多克勒靠著雄厚的財力打造聲譽，他出行時身披紫袍，腰束金帶，頭戴月桂花環，腳穿青銅拖鞋；頭髮濃密，一群男童侍立在左右兩側。他表情嚴肅，舉止莊重。當他以這種方式出現在公共場合時，公民一眼就能識別出他的領袖氣度。

蒂邁歐（Timaeus）說他自私，而且好吹噓，他在詩作中說：「所有人都在歡呼，我走在你們中間，像是不朽的神，我已經不再是凡人。」

跳入火山口

據赫拉克利特講述，曾有一個婦女昏迷過去，沒有呼吸和心跳，但恩培多克勒保留了她的身體三十多天，後來終於把她救活。大概是為了慶祝這個重要的事件，恩培多克勒舉行一場盛大的獻祭活動，邀請八十多位朋友參加。

盛宴後，賓客四處遊蕩、納涼休憩，不少人在樹下躺著，而恩培多克勒則倚著桌子休息。破曉時分，大家醒來發現恩培多克勒不見了，派人四處搜尋也沒有發現任何蹤跡。這時有人出來說，午夜時分聽到一聲巨響，有聲音呼喚恩培多克勒，天空中射出一束亮光。據此，大家紛紛議論說恩培多克勒成為神仙，直接飛升了。

有人對此表示懷疑，說恩培多克勒為了讓大家相信他變成神仙，跳入埃特納火山自殺了，因為火山口留有一雙他慣常穿著的銅製拖鞋。赫拉克利特對此表示懷疑，既然要自殺，還怕損壞一雙鞋嗎？衣服豈不比鞋子更貴重，為什麼沒留下來呢？

蒂邁歐說：「赫拉克利特就是一個謬誤的搜集者，他曾告訴人們有人從月亮上掉了下來。」

四元素：土、氣、火、水

對於恩培多克勒來說，嚴格的意義上，既不存在起源，也不存在衰亡，只存在混合和分離。「因為任何事物都不可能從絕不存在的東西中產生，存在將會毀滅，這既不可能，也從未聽說過；因為存在總是存在，不論人們將其放於何處。」

有四種元素，或者稱「事物的根源」：土、氣、火和水。每一種元素都具有特殊性質，是非派生的、不變的和不滅的。物體由這些元素匯聚而成，並透過它們的分解而毀滅。一個物體對另一個物體的影響，被解釋為一個物體的流出物進入和它們相適合的另一物體的細孔中。

愛與恨決定元素的統一與分離

是什麼使得元素統一和分開？恩培多克勒透過假定兩種虛構力量來解釋變化。除了四種元素外，愛和恨控制著它們的統一或分開。恩培多克勒不否認這兩種力量（可以稱為吸引和排斥）可以共存，前者讓物體形成，而後者導致物體毀滅。

這些元素最初混合在一個球體中，愛處於至高無上的位置，恨被排除在外。但漸漸的，恨占據上風，進入球體並分散元素。這個過渡時期，當元素部分分離時，事物仍然存在；但隨著恨取得最終勝利，元素彼此間完全分離，就不存在任何種類的個體事物。

某一時刻，這一過程又反過來，愛進入球體，逐漸重建原始的同質混合體；到那時，分解過程又重新開始，週期性的變化一直如此。這兩種極端狀態中，即完全的統一和完全的分離，不存在個體；由世界的現在狀態所例示的個體階段，是部分混合與部分分離之間的過渡狀態。

107　證明神性而跳入火山的恩培多克勒

人是由愛恨組裝碎片而成

恩培多克勒認為世間萬物都是依照愛與恨之間的配比結合，當恨占據絕對的統治地位，事物就分裂；當愛取得優勢，事物就合為一體。不論是植物還是動物，山林中的野獸，大海中的游魚，或是天空中的飛鳥，無不受到愛與恨的控制，或者相互和諧，或者彼此分開。

曾經，地上有許多做為碎片的肢體器官，「許多臉面不生在脖子上，還有許多沒有肩膀的胳膊，凌空獨立的眼球，四處飄蕩的額頭」。由於精神的作用，在愛與恨的原則下，這些肢體出於偶然而結合在一起。於是，「生出許多動物，有些兩面都有臉和胸，有些是牛頭馬面。更有雌雄同體人、半男半女的人，和長著不能生育的生殖器的人」。

靈魂在不同生命形式中輪轉

恩培多克勒在哲學上以「四根說」聞名，即世界的本原可以歸為水、土、火、氣。但靈魂不是從這些元素而來，只是寄居在肉體而已，「實際上，靈魂是被神的命令和法律所放逐的完全的流浪漢」。

他相信靈魂不滅，只是在不同的生命形式中輪轉。恩培多克勒說：「我確實變成過童男或少女，灌木、小鳥和啞口的海魚。」他反對血祭殺生，當然也反對吃肉。他諷刺說：「啊！無情的末日毀滅我之前，我已經策劃食肉的無恥行為，用我的雙脣。」

既然靈魂在不同生命中輪轉，吃肉就有可能吃到自己的親人。恩培多克勒的確這樣認為，他大聲疾呼：「父親舉起已經變換形態的兒子，口中念著禱詞屠殺了他。這個昏庸透頂的傻瓜！人們在犧牲旁邊向神祈求恩幸，那個父親是聽不到犧牲呼號的聾子，在殿堂裡屠殺它們，準備罪惡的祭宴。而兒子呢？他們以同樣的方式攫住父親，或者兒童攫住母親，撕毀雙親的生命，吃著親屬們的肉。」

同類相知

根據「四根說」，人是由四種元素構成，透過相似者認識相似者；透過土看見土；透過水看見水；透過氣看見壯麗的氣。感官的感知透過物體作用於感官而得到解釋。

例如，視覺就是在外在微粒吸引的影響下，火和水的微粒從所見物件投射到眼睛，

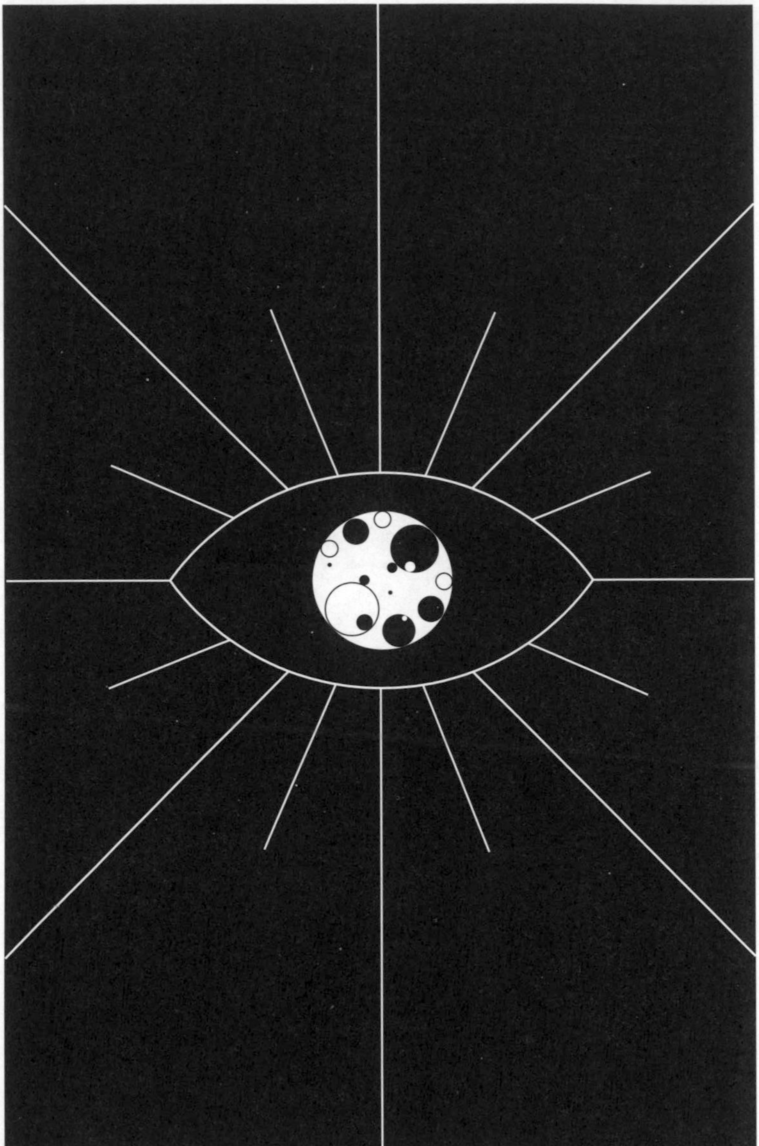

它們在那裡遇到經過眼睛小孔的同樣微粒。這些物體在接近眼睛表面的地方接觸，產生影像，但只有和眼睛細孔相適合的微粒才能影響眼睛。聽覺方面，空氣進入耳朵就產生聲音；味覺和嗅覺方面，是因為微粒進入到鼻子和嘴。

而心臟則是理智的所在地。

智性才能解釋自然

阿那克薩哥拉

（Anaxagoras，西元前500－428年）

不做守財奴

阿那克薩哥拉（Anaxagoras）出身高貴，家財萬貫，但太過慷慨，他拋棄祖上留下的財富，全部送給親戚。有人指責他：「為什麼不照顧祖宗的產業？」他回答：「你想照顧的話，你去照顧啊！」有人說他經過一番遊歷後回到家鄉，看到宅邸敗壞不堪，因此說道：「如果這些不敗壞，敗壞的將是我！」

這些言論貌似不近情理，卻又不無道理。盧梭在《愛彌兒》說：「小孩子寧願要一塊蛋糕，而不要一枚錢幣。」他們還沒有學會使用做為「仲介」的「替代品」，來為自己提供便利和服務。父母為孩子提供便利和服務，孩子就得聽從父母的管教和約束。接受仲介服務的程度，與一個人放棄自由和自主的程度成正比。人若要騎驢子，就要先伺候驢子，這是黑格爾所謂的「主奴關係辯證法」，主人成為奴隸的奴隸，被同一根繩索牽著，一頭是人，一頭是驢。為了做錢財的主人，首先要做錢財的奴隸，這種本末倒置的事情，阿那克薩哥拉不幹。

為研究太陽、月亮、天空而降生

阿那克薩哥拉四處遊歷，有人問他：「你難道不關心祖國嗎？」他用手指天空說：「我非常關心祖國。」別人問他生下來是為了什麼，他回答：「為了研究太陽、月亮和天空。」

《論語》的最後一句話說：「不知命，無以為君子也。」許慎解釋「命」為「口」加「令」，因此「命」就是天職、使命的意思。普通人沒有「命」，因為為衣食飽暖而掙扎，萬般皆為稻粱謀，只能算是活出動物的本能，根本沒有履行「天職」和「使命」的自覺意識。

孔子反覆強調：「士而懷居，不足以為士矣。」天天想著買房子，就算不上「士人」。孟子則說：「民之為道也，有恆產者有恆心，無恆產者無恆心，苟無恆心，放辟邪侈，無不為已。」一旦普通老百姓的生計沒有著落，什麼壞事都幹得出來。同樣符合孔子的思想，孔子說：「君子固窮，小人窮斯濫矣。」君子在窮苦中能夠固守道義，小人窮困，將如洪水氾濫，一發而不可收。孟子還說：「雞鳴而起，孳孳為善者，舜之徒也；雞鳴而起，孳孳為利者，蹠之徒也。欲知舜與蹠之分，無他，利與善之間也。」意思是每天醒來，眼睛一睜開，為道義而憂心，還是為生存而操勞，這是君子與小人的區別。

提倡人要做「君子」，不是要求人放棄平凡的生活和生存的權利，而是為生存而掙扎是動物本能，不需要強調，更沒必要學習。孔子說：「君子懷刑，小人懷惠。」這裡的「刑」即「型」，是榜樣的意思。君子不會「走自己的路，讓別人去說吧」，也不會「走別人的路，讓別人無路可走」；君子走自己的路，讓別人跟著自己走。《中庸》說：「君子動而世為天下道，行而世為天下法，言而世為天下則。」君子是可以為天下人做表率的人。

阿那克薩哥拉知道活著的使命是什麼，因此他是知命的君子。

天文學牴觸世俗信仰

阿那克薩哥拉宣稱太陽是燒得火熱的金屬，比伯羅奔尼撒半島還要大許多。因此受到克萊翁的控訴，說他不敬神。伯里克里斯（Pericles）是阿那克薩哥拉的學生，出面為老師辯護。但阿那克薩哥拉還是被罰款五塔倫特（Talent，當時的貨幣單位），然後被逐出雅典，他不堪羞辱，憤而自殺。據說蘇格拉底也是阿那克薩哥拉的學生，這對師生前仆後繼，都用生命捍衛自由思想的權利。

什麼是偏見？英語 prejudice 是由 pre 和 judice 組成的，意思是「提前的判斷」，就是沒有事實依據或理論分析的判斷。傳統習俗是僵化的真理，就像樹皮，曾為樹的茁壯成長提供養分，但如果不願意適時脫落，就會成為妨礙生命發展的禁錮。人們接受傳統習俗，自然而然，缺乏理性反思的精神。哲學的本質就是批判，即分析和反思，因此哲學家必然會觸動傳統習俗的禁忌。如果碰巧出生在不夠寬容的國度，就會受到烏合之眾的一通鼓噪，並被社會放逐。

羅素說：「人們對思想的恐懼甚於對於其他一切的恐懼，甚於破產，甚至超過對死亡的恐懼。思想具有顛覆性、革命性、破壞性，會引起可怕的後果，思想對權勢、對既定的制度和令人安逸的舊習慣毫不留情。思想審視著地獄的深淵卻毫不畏懼，思想偉大、敏捷、不受束縛，為世界帶來光明，是人類無上的榮光。」

依照現代法治精神，思想不能成為法律懲罰的對象，法律的約束對象是人的行為。判斷社會文明程度的標準之一，就是看社會對不同思想的包容程度。馬克思認為，因為思想見解與眾不同，就用法律對他進行懲罰，說明法律成為一部分人手中用來發洩私憤、謀取私利的工具。即便這一部分人是多數派，也不過是約翰・史都華・彌爾（John Stuart Mill）所說的「多數人暴政」而已。

種子說

阿那克薩哥拉的問題和恩培多克勒一樣，要解釋變化問題。他接受埃利亞學派的觀點，認為絕對的變化不可能，沒有一種性質能夠變成另一種性質。日常飲食中，食物不是頭髮或肉，而吃後卻能生長出頭髮和肉，他提出問題：「頭髮是怎樣從非頭髮產生，肉是怎樣從非肉產生？」

他的回答是：「我們攝取的營養物如麵包和水是單純、同質的，可是從這些食物中卻能長出頭髮、血管、肌肉、筋臟、神經、骨頭和其他肢體。根據這種情況，我們應當承認攝取的營養物包含一切東西；還應當承認，每一事物都是從已經存在的事物中生長出來。營養物必定已經有產生血、肌肉、骨頭等部分，這些是只有理性才能認知的。」

也就是說，只有理性才能理解，營養物本來就有組成人身體中各種東西的極為細微的粒子。他由此推想，自然界的「任何事物都不能從虛無中產生，每一事物只能靠同類事物養育」，「同類事物由同類事物增聚」。

據此，阿那克薩哥拉提出別具一格的物質結構說——種子說。種子才是真正的實在，種子不生不滅，在其本質的意義上必定持久不變：「沒有事物形成或消失。」但他不否認變化的事實。事物存在著相對的變化，具體事物的生滅變化只是種子的混合和分離。

智性說

「智性」（nous）本來是希臘語的常用詞，相當於中文的「心」、「心靈」，泛指感覺、思想、理智、意志等精神活動，以及這些活動的主體。阿那克薩哥拉以前，智性只有認識論和心理學、生物學上的意義，從他開始，智性具有本體論意義，種子和智性就構成他的二元論哲學的兩根平行支柱，物質和精神兩大哲學範疇的分化認識才開始明朗。

阿那克薩哥拉說：「事物各自有不同部分，只有智性是無限的，不和別的事物相混，而是獨立存在。因為如果不是這樣，而是與別的事物相貼合，就要分有一切事物；

正如我以前說過，每一事物都含有一切事物的部分；相混的東西就會妨礙它，使它不能像在獨立存在的情況下那樣支配事物。因為它是萬物中最精、最純的，它有關於一切事物的所有知識，具有最大的能力。智性能支配一切有靈魂的事物，不論大或小。智性也支配整個漩渦運動，使它在最初開始旋轉。從一個小範圍內旋轉，現在已經擴展到較大的範圍，還要愈轉愈大。一切混合的東西，分離和區別的東西，都被智性認知。所有一切過去存在的東西，一切過去存在而現在已不存在的東西，以及一切現在存在和將來要存在的東西，都由智性安排有序，包括漩渦運動和由此分離的星辰、太陽、月亮、氣和乙太。正是漩渦運動造成分離，將稀和濃、熱和冷、明和暗、乾和溼分開來。眾多事物中都包含眾多的成分，但除了智性外，沒有任何事物能和其他事物完全分離、區別。」

異類才能相知

阿那克薩哥拉和恩培多克勒都認為，感覺是客觀物體對人的感官發生作用。但恩培多克勒強調這種作用的前提條件必須是元素粒子的流射和感官的孔道結構相吻合，因而主張同類相知；而阿那克薩哥拉根據種子論強調異質成分互相包含，強調客觀物體和感官所含的成分必須相異，才能發生物理作用。

他將感覺器官看作賦有一定成分和性質的物體，認為只有當客觀對象的性質（或性質的程度）和感官的性質不相同時，才能對感官引起刺激，產生相應的感覺。據記述，他主張：「異類相知，因為相同不會被相同作用……如果一個事物和我們一樣熱或一樣冷，和它接觸時，我們不會感到熱或冷，也不能用相同的性質去認知甜或苦。我們只能用熱認知冷，用鹹認知淡，用苦認知甜，按照各自相反的程度去感知它們。」

原子論的創始者

德謨克利特

（Democritus，西元前460—370年）

少年勤學

德謨克利特（Democritus）約生活於西元前四六〇年至前三七〇年，是富商的兒子。據說波斯王薛西斯一世（Xerxes I）曾受到德謨克利特父親的盛情款待，便留下一些有學問的人，這些東方的高級知識分子就成為德謨克利特的啟蒙老師。

德謨克利特少年好學，專心致志，有一次在花園旁的小房間內閉門讀書，父親牽來一頭牛拴在那裡，他居然完全沒有發覺。直到父親叫他一起去參加祭祀，並告訴他關於牛的事情，他才反應過來。

他在家中排行老三，兄弟間分割財產時，他主動選擇較少的那份。他不滿足於書本的知識，準備到更廣闊的世界遊歷和學習。這份較少的財富可以隨身攜帶，做為遊學的盤纏。遊歷歸來，他已身無分文，不得不過卑微的生活。當地的法律規定，凡是揮霍祖業者將不得埋骨桑梓。德謨克利特心知肚明，為了防止有人告發，就向鄉親們高聲誦讀自己最優秀的著作，並獲得五百塔倫特的獎勵。不僅如此，還獲得一尊銅像；當他去世後，受到國葬的禮遇。

料事如神聲名起

德謨克利特遊學歸來，一貧如洗，需要靠兄弟的接濟生活，但他料事如神，很快就有了名氣。有一次盛夏割麥時，他忽然命令大家暫停，先把已經收割的麥子遮蓋起來。果然，不久就下起暴雨，未聽信的人遭受巨大損失。這使他的同胞十分訝異，稱讚他為「賢人」。

希波克拉底（Hippocrates）曾去探望他，他吩咐僕人端上鮮奶，仔細觀察後，德謨克利特說，這是一隻剛產下第一胎的黑色母山羊的奶，讓希波克拉底十分吃驚。此外，陪同希波克拉底來訪的還有一個女僕，第一天，德謨克利特向她打招呼說：「早安，小姐。」第二天則說：「早安，婦人。」事實上，這個姑娘在夜間已經偷嘗禁果了。

柏拉圖視為仇敵

柏拉圖視原子論者德謨克利特為「對手」，導致他把德謨克利特所有的書都收集起來，試圖付之一炬。柏拉圖為什麼如此厭惡和恐懼德謨克利特？用流行的話語來解釋，因為三觀差別太大。

第一，世界觀不同。柏拉圖認為存在是「一」，而德謨克利特認為存在是「多」。柏拉圖用他的理念型相（form）說來論證「一」是實在和世界的本原；而德謨克利特則透過原子說來論證「多」是世界的本原和實在。

第二，人生觀不同。柏拉圖認為人的本質在於精神，而德謨克利特認為人的本質在於物質。柏拉圖認為感性的物質世界是理念世界的影像，連續三輩子都學習哲學，靈魂就能長出翅膀，飛向諸神生活的聖潔世界；而德謨克利特認為，靈魂不過是精緻的原子，如果身體內這種精緻的原子不能得到及時的補充，人就會斷氣死掉。

第三，倫理價值觀不同。柏拉圖敵視個性和激情，而德謨克利特則提倡尊重個性和激情。表現在生活上，柏拉圖提倡禁欲主義，德謨克利特卻不否定欲望，最多只講節制欲望。表現在政治上，柏拉圖提倡集體生活和專制統治，德謨克利特則維護民主制度和個體的權利。

種子說與原子論的差異

阿那克薩哥拉的「種子說」與德謨克利特的「原子論」，存在著重要區別，使得原子論取代了種子說：

一、阿那克薩哥拉假定存在無數具有不同性質的種子；而德謨克利特則認為無數的原子只是在形狀、大小等量的方面彼此不同。

二、阿那克薩哥拉承認種子可以被無限分割成愈來愈小的微粒；而德謨克利特的原子則是簡單的，且在物理意義上是不可見的，因為用來解釋其他所有事物的原子必須是最終的，不能被反覆分割成部分。

三、阿那克薩哥拉沒有談論真空，他可能認為實在意味著質無處不在；而德謨克利特堅持將真空的實在性做為原子運動的一個條件。

四、阿那克薩哥拉透過「智性」解釋運動，智性是與運動元素分開的本原；而德謨克利特則將運動視為原子的內在屬性。

五、最後，阿那克薩哥拉的智性是一個有目的的或目的論的本原；而德謨克利特的原子則服從機械法則。

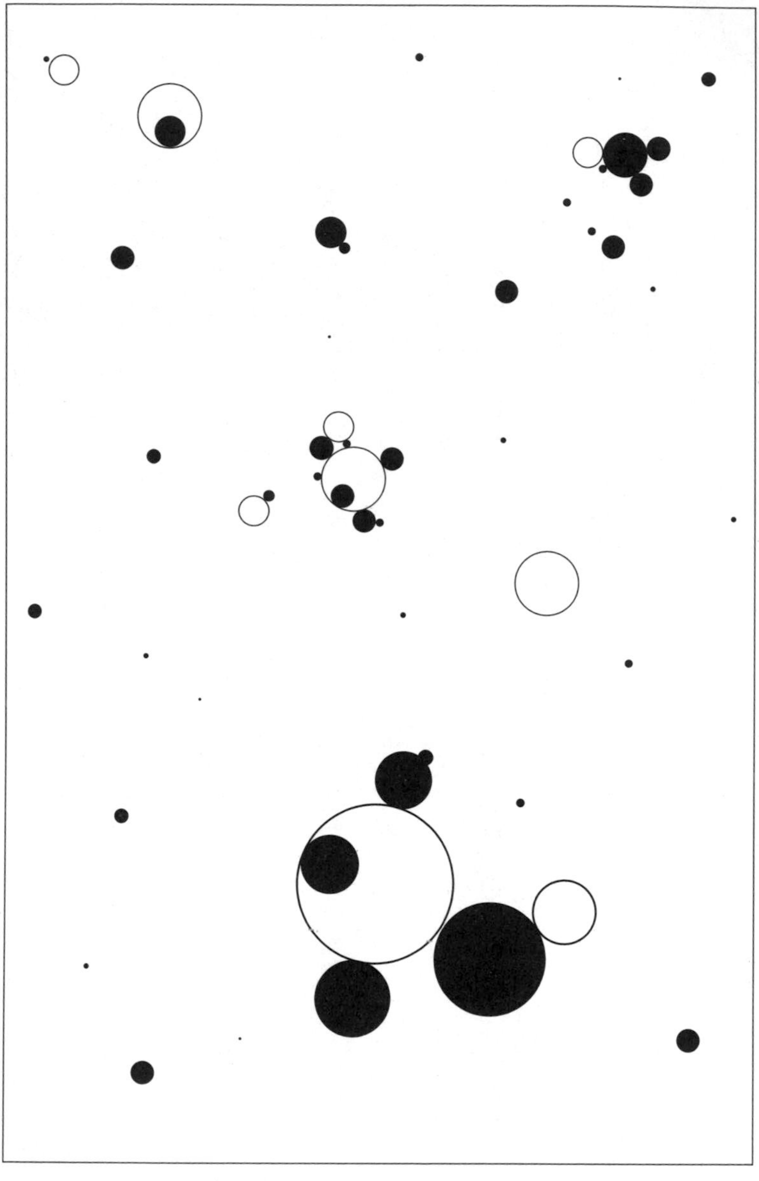

原子論

德謨克利特心目中的原子，不像許多近代人所設想的那樣，是數學中的點，或者力的中心，原子是有廣延的。既然有廣延，就不是數學上不可分的點，而是物理上不可分的微粒，也就是說，不可能在物理上被分割成部分。

所有原子在質上相同，既不是土、氣、火，也不是水，更不是具體類別的根源。它們是非常小而緊密的物理單位，形狀、大小、重量排列和位置不同。它們是非派生性的（指非從其他異物質所構成），不滅且不變。它們現在是這樣，過去和將來也是這樣。

換句話說，原子是一個由巴門尼德的存在分成不可被進一步分割的細小部分，是不可分的存在，每一個原子都具有永恆、不變和不可分的特性，而巴門尼德將這些特性歸於他的單一存在。

虛空是存在的

原子論者贊同埃利亞學派，認為絕對的變化是不可能的；實在在本質意義上是永恆、不滅、不變的。同時不可否認的是，變化在進行，事物在持續運動。運動和變化沒有虛空（或者巴門尼德所說的非存在的虛空）是不可思議的。因此，原子論者堅持非存在或虛空是存在的。他們大膽地斷言巴門尼德的非存在，實際上存在，它是原子在其中活動的虛空。

這不是說虛空在有形體的意義上是真實，而是說它具有自己的實在類別。物體不比虛空更真實，一個事物可以沒有形體但卻是真實的。對原子論者來說，原子和原子在其中活動的虛空都是實在，事物或是充實，或是虛空。存在或充實，非存在或虛空，都是同樣真實的。也就是說，真實的事物不像埃利亞學派所認為的是一個連續、不可分和不動的存在，而是透過虛空彼此分開。

機械的必然性

德謨克利特所說的必然性，是指事物的產生都有一定的因果關係。第歐根尼・拉爾修闡釋見解：「一切事物都根據必然性發生，漩渦運動是產生一切事物的原因，稱為必然性。」

認識這種自然的作用，可以「使靈魂繼續處於安靜和強有力的狀態，不受恐懼、迷信和其他情緒困擾」，鮮明地表現他對自然的科學理性態度，他有一句名言：「寧願找到一個因果的說明，而不願獲得波斯的王位。」表現出他蔑視富貴、獻身科學的崇高品德。

原子論者說沒有什麼事情是偶然發生，我們說的偶然或自動發生的事情都有一定原因。例如有人到市場，偶然遇到正要去找的人，遇到這個人是偶然，他們看來也有其必然原因，就是到市場買東西。德謨克利特舉例：某些看起來是偶然事件，像種橄欖時挖地發現寶藏，禿鷹從高空猛撲烏龜而撞破腦袋等，都有必然的原因。像這樣否定自然事件中有偶然性，表明他對因果必然聯繫的理解是機械的，有片面性。但他排除任何神學意義的目的論，啟發人們去認識物質世界本身固有的客觀原因和科學規律，富有科學精神。

靈魂是火，是精緻的圓形原子

德謨克利特將靈魂說成火，「因為火是諸元素中最精緻，也是最接近於非實體的東西，再者，就最基本的意義而言，火既是被推動，又是產生一切其他事物的運動」。他認為身體和靈魂的本原都是原子，不過靈魂是一種精緻的、圓形的原子。他指出：「太陽和月亮是由光滑、圓形的原子聚集合成，靈魂也是這樣，就是智性。」他還認為「靈魂和智性是同一種東西」，就是精緻、圓形的原子，在所有的原子形狀中，「圓形是最能動的，而這正是火和智性二者的粒子形狀」。

他將阿那克薩哥拉的精神性實體智性還原為物質性的原子，克服二元論傾向的內在矛盾，在原子論的高度上回復到唯物論的一元論。

他認為靈魂原子到處存在，「一切事物都分有靈魂」，甚至「石頭中也有一種靈魂」。人體生命就是身體原子和靈魂原子的組合體。「身體和心靈的原初物體是一個對一個地彼此疊置，互相交錯而編成我們肢體的組織」，在身體中靈魂的原子形狀小，數目也較少，稀疏地散布全身。這種細小而能動的原子給身體活力，是身體運動的原因。

靈魂即生命，透過呼吸，生命體不斷對靈魂原子吐故納新。當它們被周圍的空氣壓在一起並被排出時，吸進空氣中的許多靈魂原子抵消這種壓力，防止動物體內的靈魂被逐出；而「一旦周圍空氣的壓力占上風，動物不再能呼吸」，死亡就發生了。

死亡不過是靈魂原子同身體分離，人們不應害怕死亡，不必因宗教迷信所渲染的死後懲罰而感到恐懼，生命和死亡之間沒有截然分開的絕對界限。他認為人死後，「身體的大部分靈魂原子雖已溢出，但保留一些熱和感受性」。死後的身體還會有感覺，他甚至「研究過墳墓中的屍體」，發現「一段時間內指甲和頭髮還在生長」。

流射影像說

感官知覺被解釋為與被感知物體相似的流射物、影像或幻象在靈魂中所產生的變化。所有物體都投射出影像，這些影像透過仲介性的空氣，最終作用於感官。由物體投射出的影像改變物體附近的微粒排列；它立刻改變與之相毗鄰的物體，依次類推，直到流射物觸及感官和（由原子構成的）靈魂。

他曾設想：「要是眼睛和物件之間只有虛空，我們就能清晰地看到天穹裡的一隻螞蟻。」他進而論述其他各種感覺也是雙向原子流相互作用所產生的印象，如密集的空氣流動中，大量粒子進入耳朵的孔道，以很強的力量擴散到全身，形成聽覺，味覺和觸覺是各種不同形狀的原子刺激舌頭和身體的結果。他將各種感官得到的印象都稱為「影像」，認為它們是全部認知的來源。

如果在傳送過程中，來自物體的影像或流射物相互干擾，就會產生幻覺。如果傳送沒有受到干擾，而是直接影響感官，最終影響靈魂，真的知識就形成了。相似者感知相似者，也就是說，只有從一個物體中散發出的影像和由感官流射出的影像相似，知覺才有可能。透過遍布各地的物體發散出的影像，德謨克利特解釋了夢、先知的幻象和對神祇的信仰。

不干涉人類事物的諸神

神存在且由原子構成；神像人一樣會死，雖然神祇活的時間更長一些。神比人類更有力，且占據高一級的理性。人們透過夢或其他可能的方式知道神，但神不干涉人的事物，因此人類不需要對神感到害怕或取悅神。像其他事物一樣，神服從於原子運動的客觀法則。

他反對凡事祈求於神，認為人應當靠認識自然來為自己造福，掌握自己的命運。他說：「人們在祈禱中懇求神賜給他們健康，而不知道這種力量在於自己；如果他們無節制地去做相反的事情，就離開自己希望擁有的健康。」他指出，人們之所以會造神、拜神，根源是對自然現象的無知和恐懼：「古代的人們看到天空中發生的事情，像雷電、霹靂、天體會合、日食、月食等，就畏懼諸神，相信他們是這些事情的源頭。」他用影像說解釋所謂神顯示的某些「奇蹟」和「神兆」，認為不過是一些難以說明的自然現象，其實都是原子流射造成的自然現象，就是特殊的「影像」。

固有性質與派生性質

我們歸於不同物體的可感性質（顏色、聲音、味道和氣味等），不在事物自身之中，而是由於原子的結合對我們的感官所產生的影響。這樣的原子除了已經提及的性質，例如不可入性、形狀和大小，再沒有別的性質。因此，感官知覺不產生關於事物的真正知識，只是指出事物如何影響我們。

希臘的原子論者預料到將在近代哲學中遇到的第一性質（不可入性、廣延等）和第二性質（顏色、聲音、氣味等），我們不可能看見原子的本來面目，但能夠思考它。感官知覺是模糊的知識；思想是唯一真正的知識，它超越我們的感官知覺和表象，並到達原子。

德謨克利特指出，顏色的感覺取決於物件的表面原子的形狀、位置和它們相距的空間，其中白、黑、紅、綠是四種基本色，其他顏色是它們的混合。例如光滑的原子產生白色，這些原子周圍有較多的虛空，較為稀鬆，不產生陰影，容易滲透，產生明亮而透明的色感；而粗糙、多角的原子能投下陰影，不易穿透，便產生黑色；較大的、球形的、生熱的原子則產生紅色。他論述原子與虛空固有的第一性質和它們派生的第二性質的聯繫，從現代物理學來看也合理。一定的顏色是一定波長的光線作用於感官而呈現出來，聲波頻率和音量的關係、分子運動和冷熱的關係也相似，其中感官正常與否也會影響對第二性質的感知。

近代的伽利略（Galileo Galilei）、笛卡兒（René Descartes）和波以耳（Robert Boyle）在這方面都發揚光大德謨克利特的觀點，直到洛克（John Locke）才比較系統地建立關於第一性質和第二性質的學說。

人類創造自己的歷史

德謨克利特是無神論者，否定神創社會或神主宰社會生活，認為人是自然的產物，人類逐漸創造出社會文明。他描述道，遠古人類像動物那樣過著衣食匱乏的群居生活，是雙手和智慧引導他們從蒙昧走向文明。

技藝和文化不是由神賜予，而是人類經驗的結晶。他說：「許多重要的事情上，我們是動物的學生：從蜘蛛那裡學會紡織和縫紉，從燕子那裡學會造房子，從天鵝和夜鶯等鳴鳥那裡學會唱歌，這些都是模仿牠們而習得。」

他察覺到文化藝術是隨著人類物質生活條件的改善而發展起來，並指出：「音樂是相當年輕的藝術，原因在於它不是由需要產生，而是生活已經富裕後的產物。」

語言是約定俗成的產物

柏拉圖在《克拉底魯篇》記述，當時有兩種對立的觀點：一種認為，詞語和它們所代表的事物有某種天然的關係；另一種見解認為，詞語是人們從俗約定並進化的，是由於人們之間需要交流思想感情而產生，詞語和它們所表示的事物，只透過聲音發生人為的互相對應的聯繫。

德謨克利特贊成語言是從俗約定並進化的，還進行分析論證：

一、不同事物有時用同一個名詞稱呼；
二、不同名詞有時可用來稱呼同一事物；
三、關於一件事物或一個人的名詞有時可以隨意改變；
四、兩個平行的觀念，一個可以用詞表達，另一個卻沒有詞表達，如動詞「思想」有相應的名詞「思想」，而名詞「正義」，卻沒有相應的動詞。

痛斥貧富兩極分化

他深刻地觀察到貧富兩極分化的不公平，是造成當時社會與思想動盪的重要原因。他說：「赤貧和豪富動輒變換位置，是造成靈魂巨大困擾的原因。靈魂被大的分歧震動，不穩定也不愉快。」

他的《道德思想》殘篇中有多處反對財產兼併和貧富分化的文字，他指責有些人「為孩子們聚斂太多財富只是一種藉口，用以掩飾自己的貪欲」。他斥責守財奴「貪得無厭會使自己失其所有，就像《伊索寓言》中貪婪的狗」，這種貪婪地聚斂財富是不公正的惡。他指出侵占別人的財產是最壞的占有，「正像毒瘤是最壞的疾病一樣」。他從道德上告誡這種作惡不得善果：「守財奴沒有教養子女，就像在刀尖上跳來跳去的人。如果他們落下來時，沒有把腳落在該落的地方就完蛋了。」

如果想到馬克思的博士論文題為「德謨克利特的自然哲學和伊比鳩魯（Epicurus）的自然哲學的差別」，再聯想到《共產黨宣言》開篇的——「至今一切社會的歷史都是階級鬥爭的歷史」，就會得出結論：德謨克利特的哲學肯定對青年馬克思產生極大的影響。

理性指導下生活

德謨克利特的認識論中，理性具有對感覺的優越性，也延伸到倫理學領域：所有行為的目的都是好生活，好生活不是單指感官的快樂，更是指伴隨理性稟賦的運用所得到的滿足。

歸於德謨克利特的殘篇中，可以找到精緻的享樂主義倫理學的概括。他說：「一生沒有宴飲，就像長途跋涉而沒有旅店一樣。」「對人來說，最好的方式是使他的生活盡可能快樂、減少痛苦。如果人在要毀滅的事物（名利）中尋求幸福，是不可能尋到的。」

唯物主義和享樂主義的聯繫首次在這裡出現，無疑反映這兩種學說之間的密切關係。快樂具有質的和可感知的特性，這一特性與唯物主義和享樂主義哲學協調一致。

德謨克利特認為人生的真正目的就是幸福，他將幸福描述為滿足或快樂的內在狀態，取決於靈魂的安靜、和諧和無畏。這種內在幸福不依賴於財富或物質上的豐富，也不依賴於身體的快樂，因為這些東西短暫，能產生痛苦，還要不斷重複。內在幸福靠的是適度的快樂和人生的和諧。他說：「人們重視靈魂勝過肉體是對的，因為靈魂的完善可以糾正肉體的劣勢，而強壯的身體如果缺乏理智，是不能改善靈魂的。」

他告誡人們不要貪得無厭，應該常去想比自己更不幸的人。只有這種精神上的寧靜和諧，才能將人引向正義和善。「人們只有透過有節制的享受和生活上的寧靜和諧，才能得到快樂。」

★講授成功學的網紅

普羅達哥拉斯

（Protagoras，西元前481—411年）

智者收費教學

普羅達哥拉斯（Protagoras）約生活於西元前四八一年至前四一一年，他與德謨克利特同鄉，都是阿布德拉人，據說他是第一個收取學費的智者。

智者最初意指有智慧、具有熟練技巧的人，但在我們所描述的時代，這個詞開始被使用到職業教師身上，他們遊歷四方，透過在思考和說話的藝術方面提供指導而賺錢，為年輕人從事政治做準備。但智者這個名稱逐漸變成譴責用語，部分是因為智者收費，部分是因為某些晚期智者的激進主義，玷汙了智者的傳統意義。

有一次，普羅達哥拉斯向他的門徒要學費，但門徒說：「我還沒贏過一場辯論呢！」普羅達哥拉斯說：「如果我贏了，就應該得到報酬，因為我贏了（意味你的老師水準合格）；如果你贏了，我還是應該得到報酬，因為你贏了（意味我教的學生水準合格）。」

根據柏拉圖的記述，普羅達哥拉斯對一個年輕人說：「如果你向我學習，回去的那一天將比來時變得更好。」當蘇格拉底問他將如何做到這一點時，他回答：「如果他到我這裡來，將學到他想要的東西。這就是在私人和公共事務中保持謹慎；他將學到以最好的方式處理家務，將能夠在參與國家事務時，使自己的言行符合國家的最大利益。」

為了使自己適合某一職業，年輕人有必要在論辯、語法、修辭和演說方面完善自己。智者們出於嚴格的實用目的來研究這樣的問題，但他們不經意間開闢理論研究的新領域。還將注意力轉向道德和政治問題，因此極大地推動對倫理學和國家學說的系統、全面的討論。

時代的道德熱情日漸衰退，被不惜代價追求成功的欲望取代，某些晚期的智者急於使他們的學生有所成就，往往會走極端。他們施教的目標變成教育學生如何透過正當或卑鄙的手段戰勝對手，使較壞的看上去成為較好的，用各種邏輯謬誤使對手感到困惑，顯得荒唐可笑。

溺海而亡

普羅達哥拉斯在一部著作中說：「關於諸神，我們無法知道祂們存在或不存在。因為有許多障礙阻礙我們的認知，既包括問題的晦澀，也包括人生的短促。」其實，這是提出認知範圍和認知對象的問題，但對虔誠的古希臘人而言，無異於褻瀆神的言論。雅典人驅逐了他，到處收集他的著作，並在市集上付之一炬。

也有人說他被雅典人驅趕，從大陸逃亡海島的途中，雅典人駕駛三列槳船追逐，普羅達哥拉斯乘快艇逃跑，中途翻船，溺海而亡。

人是萬物的尺度

智者將目光轉向認知的主體，斷定知識依賴於具體的認知者。一個人看來是真的東西，對他而言就是真的，不存在客觀真理，只存在主觀的意見。普羅達哥拉斯說：「人是萬物的尺度，是存在物之所以存在的尺度，也是非存在物不存在的尺度。」他的相對主義學說是對哲學家們（特別是巴門尼德和芝諾）自相矛盾的結論的否定，他贊同關於個人的常識判斷。

普羅達哥拉斯的準則中，「人」不是一般意義上的人，而是指個人。個人在知識問題上是他的法則。個人觀點經常彼此反對，按照這一準則，所有的個人觀點都是真的：「沒有什麼東西是一個而不是另外一個。」兩個相反的陳述可以都是真的——每一個都與做出這一陳述的個人的性格相關。因此，智者的工作不是要證明真理，而是要說服人

145 講授成功學的網紅
普羅達哥拉斯

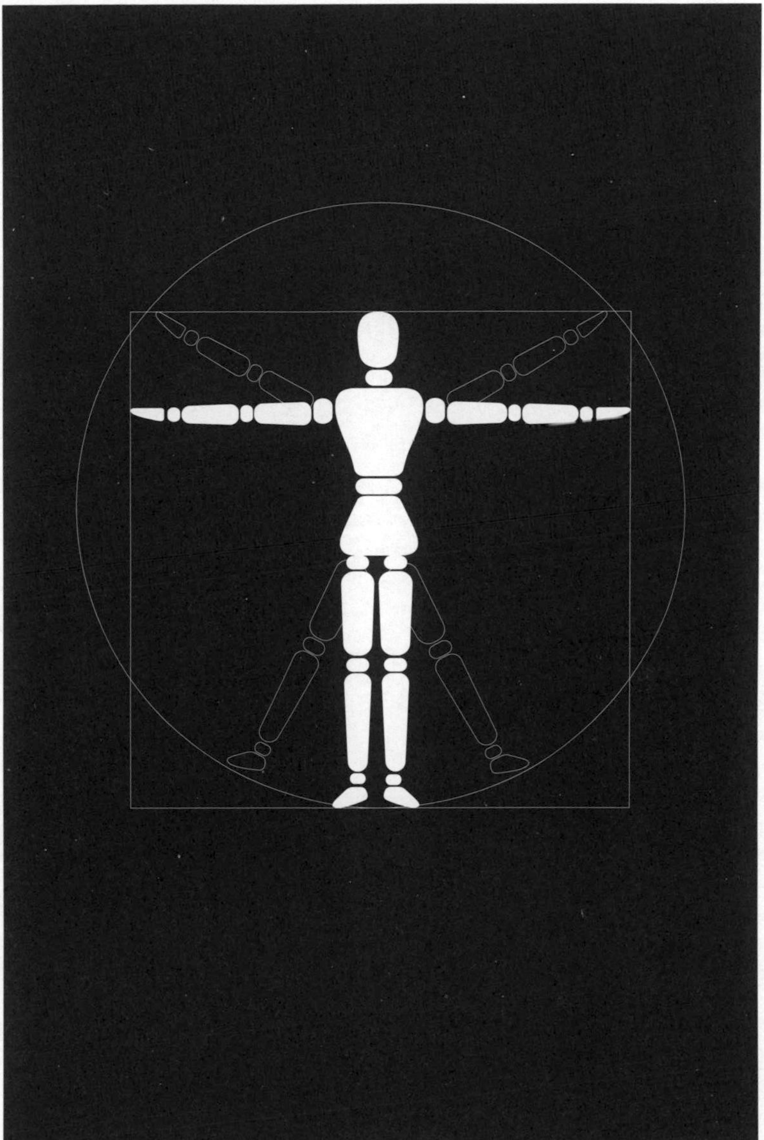

們接受兩個相互反對的陳述中的一個，而不是另外一個。即使普羅達哥拉斯堅持認為兩個相互矛盾的陳述都可以是真的，他承認一個可能比另外一個「更好」，可能是指一個比另外一個更加正常或自然：正常眼睛的視覺比生黃疸病的眼睛更為可信。透過訴諸正常事物，普羅達哥拉斯在否定所有標準後，又恢復一個關於真理的標準。

道德催眠師

就像一陣風吹來，有人感到冷，有人感到涼爽，甚至有人感到熱，因為「人是萬物的尺度」，這三種感覺沒有優劣對錯之分；同理，有的城邦男尊女卑，有的城邦男女平等，有些城邦女性地位更高，做為不同群體的文化，絲毫沒有優劣對錯之分；再者，有的國家實施專制，有的國家實施民主，有的國家是選舉制，有的國家是世襲制，沒有任何的優劣對錯可言，因為「人是萬物的尺度」。

柏拉圖的《普羅達哥拉斯篇》中，普羅達哥拉斯聲稱可以讓向他學習的青年人變得「更好」，他所謂的「更好」就是更能在既定的社會習俗、道德觀念和政治制度中遊刃有餘、攫取名利。普羅達哥拉斯不是要培養青年獨立思考的自由精神和批判能力，而是要教青年人如何成為順服父母、謹守習俗的「好孩子」或「成功人士」。

從表面看，《普羅達哥拉斯篇》是討論「美德是否可教」的問題，而分歧的關鍵點在於理性地反思習俗還是盲目地遵守習俗？蘇格拉底選擇前者，而普羅達哥拉斯選擇後者。這恰好是蘇格拉底和普羅達哥拉斯針鋒相對、自始至終無法達成一致的地方。普羅達哥拉斯認為遵守習俗就是美德，教一個青年人更好地遵守習俗，就是讓這個人變得「更好」。而蘇格拉底認為，不同民族、不同國家的風俗千差萬別，只能是歷史傳承的事實，不能是真正的「知識」，因為知識必須具有一致性、普遍性。不具有普遍性和一致性的習俗，絕對不是知識，當然遵守習俗不可能是道德。因此，普羅達哥拉斯所謂的「美德」，褒義講是人情練達，貶義說就是庸俗市儈。

從蘇格拉底與人爭辯的表象上看，蘇格拉底總是傾向為論題尋求定義，偏執到讓讀者都心生厭煩的地步。為什麼要這樣？因為定義可以達成知識的一致性和普遍性，從而對社會和歷史中既定習俗制度進行批判，要知道這些習俗制度恰好與蘇格拉底要追求的「知識」完全相反，千差萬別，是「存在即合理」。

蘇格拉底自始至終強調「美德即知識」，等於宣稱：「盲目地遵守既定的習俗制度，毫無道德可言。」更直白一點，可以這樣翻譯：「雅典的普通大眾，大多毫無道德。」因此，蘇格拉底是雅典城邦的牛虻，他刺痛了雅典人的神經。蘇格拉底的哲學才真正具有革命性和顛覆性，具有反傳統的意味。而普羅達哥拉斯恰好是蘇格拉底的反面，「人是萬物的尺度」的說法沒有任何革命性，只能發揮讓人的精神陷入睡眠的作用。

用尼采《查拉圖斯特拉如是說》的話說，普羅達哥拉斯只能算是「睡眠的說教者」。蘇格拉底將人們從甜美的睡夢中喚醒，所以遭到雅典人報復；相反的，普羅達哥拉斯在雅典備受歡迎。

當聽說普羅達哥拉斯到達雅典，很多人都跑去聽講，天還沒亮，就有人在他下榻的地方等待。蘇格拉底也在半夜被朋友叫醒，嚷嚷著說去見鼎鼎大名的普羅達哥拉斯。蘇格拉底的朋友不知道他要教授什麼，卻樂意花大錢聽講，說明當時的人們確信普羅達哥拉斯這樣的智者能夠為自己帶來好處。用流行的話語說，普羅達哥拉斯是一個講授「成功學」的「網紅」。

普羅達哥拉斯嗅到蘇格拉底「美德即知識」命題的危險性，如果傳統習俗和制度不是知識，聲稱要教雅典青年人「美德」的他就只是個講授「成功學」的騙子。為了論證傳統習俗的合理性，他展開長篇大論，以迂迴的方法回答蘇格拉底，講述人類文化演進的歷史。蘇格拉底聽過以下兩個神話故事後，非常委婉幽默地批評他，說自己的記憶力不好。

人類是遺忘和盜竊的產物

柏拉圖在《普羅達哥拉斯篇》的對話錄中講到人類誕生的故事。

起初，諸神創造各種生物，讓普羅米修斯（Prometheus）和艾比米修斯（Epimetheus）兩兄弟負責裝備，給他們分配合宜的能力。艾比米修斯說服哥哥讓自己來負責分配，由普羅米修斯負責檢查。出於讓各種動物免遭毀滅的目的，艾比米修斯分配了相應的自保能力，並相互平衡，例如有力量的動物速度慢，而速度快的動物力量弱。

普羅米修斯名字的含義是「前思」，擅長提前謀劃；而艾比米修斯的意思是「後想」，總是事後追悔。看到人類出世的時刻，普羅米修斯要前來檢查，但艾比米修斯卻忘記為人類分配任何能力，而現有的能力已經全部分給各種動物。情急之下，普羅米修斯就從赫菲斯托斯（Hephaestus）和雅典娜那裡盜取技藝和火種送給人類。

艾比米修斯的過失首先表現在人類有機體的生理特徵上，動物一出生就處於完成狀態，將一頭出生半小時的牛犢放在草原上，牠就能夠獨立生存；而剛出生的嬰兒，如果無人照看，會在裝滿麵包的房屋中活活餓死。所有人都是「早產兒」，依照生物學家的研究，人類的大腦容量，要求的懷胎時間是二十一個月，而非九個月。

人類要生存下去，必須透過建造一個世界來彌補生理上的缺陷和不足，也就是說，為了彌補艾比米修斯犯下遺忘的錯誤，普羅米修斯不得不犯下偷盜的錯誤，用原本屬於神的技術和火種來武裝人類。可以說，人類是雙重過失——遺忘和盜竊的產物。

希臘城邦的起源

擁有技藝和火種，人類也分有一部分神聖的本性。首先，由於人與神有親戚關係，所以成為唯一崇拜神的動物，並建立祭壇和神像。其次，人透過他的技藝，很快就發明有音節的語言和辭彙，建造房屋、衣服、鞋、床，從土地中獲得食物。人們一開始分散居住，不存在城市，因而常遭到野獸傷害，因為野獸在各方面都比人強大。他們的技藝雖然可以充分保證生存，但與野獸的鬥爭中不免相形見絀。

因而人們聯合起來，建立城市保護自己的生命。可是由於缺少政治技藝，聚在一起後便相互為敵，不得不再次逐漸陷入分散和毀滅。宙斯擔心人類完全絕滅，便派荷米斯把尊敬和正義帶到人間，建立有秩序的城邦，以及把人們連接在一起的友好紐帶。荷米斯問宙斯，怎樣在人群中分配尊敬和正義，應該將之分配給所有人，還是像其他技藝一樣，分配給一部分人，例如醫術——讓一些人懂醫術，為其他所有人治病就行。

宙斯回答說：「讓所有人都有一份！如果他們像其他技藝一樣，只為少數人擁有，城邦便不可能存在。因而按照我的命令制定一條法律：不分有尊敬和正義的人應該被處死，因為他是城邦的禍害。」

★長壽的詭辯學者

高爾吉亞

（Gorgias，西元前483—375年）

不辱使命

據說高爾吉亞活了一百零九歲，生活於約西元前四八三年至前三七五年，是西西里東部的倫蒂尼人。

西元前四二七年，倫蒂尼和敘拉古發生衝突，敘拉古派艦隊封鎖倫蒂尼的海陸交通線。為了獲得雅典海軍的支持，倫蒂尼派遣使團前往雅典尋求結盟，首席代表就是高爾吉亞。但敘拉古也派遣能言善辯的修辭學家前往雅典，兩邊的使者在雅典展開激烈辯論，結果高爾吉亞大獲全勝，雅典隨即派出艦隊支援倫蒂尼。

〈海倫頌〉

海倫（Helen of Troy）原是斯巴達國王墨涅拉俄斯（Menelaus）的妻子，被特洛伊王子帕里斯（Paris）誘惑，私奔到特洛伊。由此引發特洛伊與希臘城邦之間十數年的戰爭，最終以慘烈的「木馬屠城」之戰結束。海倫就像中國歷史上的「褒姒」，雖然美麗，卻是讓王國毀滅的女人，因此身上背負著沉重的罵名。

高爾吉亞力排眾議，寫了一篇〈海倫頌〉，專門為她辯護。高爾吉亞認為海倫被誘惑的原因可能有四種：諸神、暴力、語言、愛情。但無論是哪一種情況，都不應該讓她承擔罪名。高爾吉亞解釋：

一、城邦的光榮在於勇敢，身體的光榮在於美麗，靈魂的光榮在於智慧，行動的光榮在於品德，言談的光榮在於真理。任何情況下讚揚值得讚揚的東西，以及譴責應受譴責的事情，才是正確的。

二、如果海倫被劫持乃是出於神意，應該受到譴責的正是那些責難她的人，因為沒有任何人能夠抵抗神意：強者不會被弱者阻擋，神在任何方面都比人強。既然是由於命運，海倫就不應受到指責。

三、如果她是被暴力劫持，顯然是劫持者加害於她，而她是不幸的。是帕里斯這個野蠻的特洛伊人犯罪，應該受到譴責和懲罰。她是被劫持者，只應得到國人和友人的同情，而不是誹謗。

四、如果是語言說服她，打動她的靈魂，為此辯護也是容易的。因為語言是一種強大的力量，以微小到不可見的方式達到最神奇的效果。它能驅散恐懼，消除悲傷，創造快樂，增進憐憫。語言對靈魂產生的力量可以和藥物對身體的作用相比。正如藥物作用於身體內既能治病也能致死一樣，語言亦是如此，不同的話能使人悲傷、快樂或恐懼，有害的胡說還能迷惑和麻醉靈魂。

五、如果說海倫是被愛情驅使，也很容易辯護。情欲是人的本性，海倫看到迷人的對象，靈魂為之騷動，因而發生跟從帕里斯的行動。這是 physis（物理），不是她的選擇，所以無可指責（高爾吉亞的意思是，愛情既然出於本性，就是出於自然，但自然界中沒有道德現象）。

因此，無論是上述哪一種情形，海倫都是無辜的。

為帕拉墨得斯辯護

特洛伊戰爭爆發後，希臘軍團統帥阿加曼農（Agamemnon）邀請奧德修斯（Odysseus）參戰。但奧德修斯剛成為父親，不願意冒生命危險遠赴他邦，於是裝瘋賣傻，耕種土地時往田裡撒鹽。帕拉墨得斯（Palamedes）就把奧德修斯剛出生的兒子放在犁頭前，當他靠近兒子時，就繞開行走。這樣一來，裝瘋的詭計就敗露了。奧德修斯不得不參戰，但他從此怨恨帕拉墨得斯，後來指控帕拉墨得斯背叛希臘，私通特洛伊人，帕拉墨得斯被判處死刑。

高爾吉亞特地發表演講，為帕拉墨得斯進行辯護，他認為奧德修斯的指控不成立，理由如下：

一、如果帕拉墨得斯通敵，就要與敵方有盟約，要嘛以交換人質的形式，要嘛以交納定金的形式。如果是一小筆可以隨身攜帶的金銀，就不值得冒這樣的生命危險；如果是一大筆金銀，就需要多個助手幫忙轉運。

二、轉運這樣大數量的金銀要嘛在夜間進行，要嘛在白天進行。夜間轉運會受到門衛的盤查，白天轉運就會曝光於天下。

三、即便可以按照上面的設想進行安排，仍無法付諸實踐。如果找有自由身分的公民幫忙，顯然不可靠，因為他們可以隨時揭發。如果找奴隸幫忙，更可能會揭發此事，因為這樣做可以獲得公民權和自由身。

高爾吉亞繼續羅列更多理由，並一一反駁，認為帕拉墨得斯不可能通敵賣國。

無物存在

高爾吉亞有三個影響深遠的詭辯，第一是「無物存在」；第二是即便有物存在，我們無法認知；第三，即便認知了，也無法將自己的認知傳達給別人。我們先來看「無物存在」這個論證。

曾有人問馬克思，世界是物質的，但物質從哪裡來？馬克思回答說，你不能這麼問，因為你的問題預設了一個前提，即世界上原本沒有物質；但世界原本就是物質，物質不生不滅、不增不減、永恆存在，所以不需要從哪裡來。我們會覺得這種回答幾乎是回避問題的詭辯，而老子這句「天下萬物生於有，有生於無」似乎更為暢快。但馬克思的回答是有西方哲學的理論背景。如果為「物質」找一個「媽」，就得繼續為這個「媽」尋找「外婆」；如果承認上帝創造世界，人們會追問誰創造上帝，這樣就會出現哲學上所謂的「無窮倒退」（infinite regression/recurrence）。

透過以上的論述，我們得出第一個結論：如果有物存在，必定不是生成的，而是永恆存在。什麼是永恆？就是在時間上沒有起點和終點。如果一個事物在時間上有起點，在此前就不存在；如果有終點，在此後就不存在。人生就有起點和終點，所以人不是不朽的存在者。人類生生滅滅，而物質永恆存在。

接下來，如果有物存在，而且在時間上沒有起點和終點，意味著它不會被任何時間段包含。如果一個存在物不被任何時間段包含，意味著它不存在於任何時間之中，在任何具體的時間段中都不可能找到它。既然在任何具體的時間段中都找不到它，就說明根本不存在。

因此，如果有物存在，就無物存在。

認識不可能

高爾吉亞第二個詭辯的實質在於論證「認識是不可能的」。

高爾吉亞說：「如果被思想的東西不存在，存在就不能被思想。」他從人們能思想有些不存在的東西（例如一個飛人或一輛在海上行駛的四輪馬車）推出結論：被思想的東西不存在。從形式邏輯的三段論來看，無疑是從特稱命題的前提推出全稱命題的結論，是不成立的。但高爾吉亞的論證用意在於反對埃利亞學派的「存在和思維同一」的觀點，即能被思維的才是存在。

在他看來，一切可知的東西都是相對感覺的現象，而不是埃利亞學派所主張，以能「被思想」做為唯一判定標準的「存在」。他進而論述：「正如被看見的東西被稱為真正可見的東西，僅是對視覺而言；被聽見的東西被稱為真正可聽的東西，僅是對聽覺而言。」而「不同的對象應由自身特殊的感官來判斷，不能由別的感官來判定」，視覺對象不能因不能被聽見就判定它不存在，聽覺對象也不能因不能被看見而被抹殺。如果將思想當作特殊器官，就不能因為思想無法理解從而將其判定為不存在，換言之，存在無法被思想理解。

交流不可能

第三個命題：即使存在被理解了，人們也無法加以表述，告訴別人。

高爾吉亞證明說：「存在即使被人們認識也無法告訴別人，因為如果存在的東西是人以外的存在物，即視聽或其他感官的對象，可見的東西由視覺把握，可聽的東西由聽覺把握，而不是相反，怎樣才能把所視所聽的東西告訴別人呢？我們用來傳達的手段是語言，但語言不是真實存在的東西，因此告訴別人的僅是語言，而不是真實的存在。正如可見的東西不會變成可聽的東西，可聽的東西不會變成可見的東西一樣，外在於人的存在也不會變成我們的語言。既然語言不是真實存在的東西，就不可能明白無誤地傳遞給別人。」

高爾吉亞的第三個命題指出外在事物和語言是異質的，人們告訴別人的僅是語言而不是真實的存在。我們可以說「火」，但嘴脣卻不會因此被灼傷，可見，做為存在物的「火」和詞語的「火」，本質上不同。因此，人們無法用語言來傳遞或交流對於「存在」的認識。

這就是話術

智者的詭辯

（The Sophistry of wiseman）

你揍了爸爸

甲：「你今天不再揍爸爸了，是嗎？」
乙：「啊……不！不！不！」
甲：「那麼，你不但昨天揍了爸爸，今天還要繼續揍呀！」
（如果乙做肯定回答，甲就會說：「哦，原來你昨天揍了爸爸一頓啊！」）

你媽是條狗

甲：「你家養有一條狗，是嗎？」
乙：「是的。」
甲：「狗是公的，還是母的？」
乙：「是條母狗。」
甲：「這條母狗生過小狗嗎？」
乙：「生過幾隻小狗。」

甲：「那就是說這條母狗做『媽媽』了？」
乙：「當然。」
甲：「這個『媽媽』是條狗啊？」
乙：「沒錯。」
甲：「那麼，你就有一個媽媽，她是一條狗啊！」

衣服也能「看」

甲：「無論什麼人，都只能看到能看的東西，不能看到不能看的東西，是嗎？」
乙：「當然。」
甲：「你看到我的衣服了嗎？」
乙：「看到了。」
甲：「那麼，你就承認了：衣服也能看。」
（可是衣服沒有眼睛啊！）

你知道一切

甲：「你是否要憑著某種東西才能知道一些東西？」

乙：「是呀！憑靈魂。」

甲：「你憑藉的東西始終統一嗎？還是時而憑藉這個，時而憑藉其他東西？」

乙：「始終憑同一個東西。」

甲：「你是始終憑藉這種方式知道一些東西，而用另一些方式知道另一些東西，還是始終用這種方式知道所有的東西？」

乙：「始終憑藉這種方式知道所有的東西。」

甲：「你已經承認：你知道一切！」

神是可以出售的動物

甲：「沒有生命就不能叫動物，有生命才能叫動物，對嗎？」

乙：「對呀。」

甲：「能夠自由對待的動物，才是自己的動物，是嗎？」

乙：「當然了。」

甲：「你家供有神嗎？」

乙：「有。」

甲：「神有沒有生命？」

乙：「當然有。」

甲：「那麼，神就是動物了。」

乙：「也可以這樣說吧！」

甲：「你可以自由對待自家的神吧！例如何時上供品？上多少供品？」

乙：「當然。」

甲：「既然神是動物，而且你可以自由對待祂，那麼，你也可以將神自由出售，就像出售自家的動物一樣。」

別問我「你這話是什麼意思？」

甲：「你這話是什麼意思？」
乙：「沒有生命的事物會有思想嗎？」
甲：「沒有生命，當然沒有思想。」
乙：「詞語有生命嗎？」
甲：「詞語當然沒有生命。」
乙：「那麼，你為什麼問我：『你這話是什麼意思？』」
（「話」是詞語，詞語怎麼會「思想」呢？不會思想，何來的「意思」呢？）

西方哲學的奠基者

蘇格拉底

（Socrates，西元前470—399年）

小名或許叫「強子」

「蘇格拉底」的希臘文是Σωκράτης，拉丁文為Sōkratēs，英文則為Socrates。做為漢語音譯的名字，「蘇格拉底」的確沒有什麼意思，但希臘語發音「蘇」的部分表示「完好無損的、安全的」；而發音「格拉底」的部分表示「力量」。因此，「蘇格拉底」就是「健全的力量」之意。

如果將音譯和意譯結合起來翻譯，可以譯為「蘇力」或「蘇強」。如果蘇格拉底有小名，爸媽可能會叫他「強子」。

家境清貧

據說蘇格拉底的父母非常窮，他年輕時想向智者教師學習辯論術，但收費太高，付不出學費。有學者認為蘇格拉底曾做為重裝步兵參加戰爭，可見他後來的家境還算不錯。古希臘的自由民做為士兵參戰，需要自行準備作戰裝備，而重裝步兵的裝備耗資不菲。這種推測未必正確，原因在於雅典城的公民按照收入的高低分為四個階層，前三個階層的公民自費參戰，不能向政府領取薪水，而收入最低的第四階層公民，參戰便可以領取薪資。曾做過重裝步兵，不能證明蘇格拉底家境殷實，反倒可以證明他屬於第四階層，因此相對比較貧窮。

另外，蘇格拉底被判死刑後，可以繳納贖金獲得釋放。但提出繳納贖金的是他的學生克力同（Crito），可見學生明白他沒有財力支付。據柏拉圖和色諾芬（Xenophon）記載，蘇格拉底在吃、喝方面十分克制和節制，一般不喝酒，但喝起酒來，便表現出無人能及的海量。他在成年時期，常在冬天和夏天穿著同樣簡單的長袍，習慣赤腳行走。

再者，蘇格拉底的貧窮可以從嘲諷者的論述中找到端倪。拉姆諾斯的安提豐（Antiphon）諷刺他說：「你過的是奴隸都不堪忍受的生活，吃的是粗茶淡飯，穿的是破衣爛衫，即便如此，替人講課還不收一分錢。學生若是學你，將來都只會是窮光蛋。」蘇格拉底回答說：「如果幸福在於奢華宴樂，人就成為欲望的奴隸；欲求愈少的人，愈接近神性……愈能欣賞食物的人，愈不需要調料；愈是身體健康的人，愈能經歷磨煉……你何時見過我冬日圍爐取暖，夏日搖扇納涼？」

以上資料大致可以說明蘇格拉底家境清貧。

雕刻匠父親的影響

蘇格拉底的父親是雕刻匠索夫羅尼斯克斯（Sophroniscus），母親是助產士菲娜瑞特（Phaenarete），而他出生於西元前四六九年的雅典，父母的職業不可能對孩子毫無影響。

青年時期，他曾學習過父親的手藝。據說雅典衛城入口一組象徵美惠三女神的雕塑，就出自蘇格拉底之手。他既然能與木匠、銅匠、鞋匠等人交談，從中得出人生感悟，必然也會從自己的雕刻手藝中感悟人生。

雕刻與繪畫不同，繪畫時，面前一張白紙，將心中的景象付諸筆端即可。每一筆都直奔主題，與目標無關的一切都不考慮。但雕刻完全相反，手中一塊石頭，牢牢記住心中的形象，距離實現目標尚有千萬里之遙。時時刻刻都在處理無用之物，唯有剝離淨盡，才能實現理想。簡言之，繪畫採用的是加法，在白紙上添加墨跡；而雕刻採用的是減法，從石塊上削減材料。

父親留給蘇格拉底的影響是：辯論中始終採用迂迴歸謬的方法。蘇格拉底幾乎從來不會直接將問題的最終答案拋出去，總是引導人們不斷地進行自我否定，在否定的終點，找到無法繼續否定的肯定性存在。佛教稱這種談論問題的方法為「遮詮」，與

「表詮」相對。表詮是直接用定義或實例說明問題，而遮詮相反。例如對於「什麼是愛情」，採用「遮詮」的方式，就可以回答說「愛情不是充滿色欲的占有」、「愛情不是算計利害之後的交易」、「愛情不是兩個自戀狂的合舞」……蘇格拉底的迂迴歸謬方法，讓一些與他交談的人十分不滿，例如希庇亞（Hippias）。

希庇亞抱怨說：「到底什麼是正義，你從來沒有給出正面的回答，總是嘲諷別人的看法，不停地質疑、駁斥。」蘇格拉底說：「我是沒有說，但我用一以貫之的行動向世人展示何謂正義，難道行動還不比語言有價值嗎？」希庇亞不耐煩地說：「到現在，你仍然在迴避給予『正義』明確的說法；你總是討論怎麼做不符合正義，卻沒有說怎麼做才算是正義。」

蘇格拉底被逼無奈，破天荒給出正面的回答——「守法就是正義」。

助產士母親的影響

助產士常常是第一個把新生命捧到手中的人，但不是生命的締造者，僅是幫助正在分娩的母親把孩子接引到塵世而已。新生命本來就在母親體內孕育，助產士的職責是在恰當的時機出現，使生產過程順利進行。

我們用「多產」稱呼作家，還有「知識產權」的說法，可見精神財富的生產與人力資源的生產可以進行類比。蘇格拉底不僅接受父親職業的影響，也受到母親職業的啟發：老師沒有把精神財富灌輸給學生，只不過是把潛存在學生心靈中的知識「接生」下來。因此，蘇格拉底自稱「精神助產士」，自然而然，蘇格拉底的教學方法就被稱為「精神助產術」。

就像母親的分娩過程是十分痛苦的一樣，精神獲得新生的過程也是痛苦的，可以說煩惱即菩提。煩惱是因為智慧的萌芽正在衝破堅硬的地面；痛苦是因為新生命要啄破一度發揮保護作用的蒙昧外殼。孔子說：「不曰如之何、如之何者，吾末如之何也已矣。」與蘇格拉底振聾發聵的命題如出一轍——「未經省察的人生是不值得生活的」。缺少反思的生命，如同一雙從未睜開的眼睛，原本可以在光明之中闊步前進，結果卻在黑暗之中踽踽獨行。

與「精神助產術」相對應的是「知識回憶說」，「學習悖論」是蘇格拉底提出的一個著名悖論，內容是：學習通常會面臨兩種情況，一是不知道要學習的內容，二是已經知道要學習的內容。這兩種情況下，學習都沒有意義，因為前者沒有學習目標，後者沒有學習的必要。

這個悖論可以和「接生」類比：一是根本沒有分娩，接生缺乏目標；二是分娩已經完成，沒有接生的必要。接生之所以存在，乃是新生命由潛在變為現實。同理，學習之所以存在，乃是知識由潛在變為現實——知識原本存在於心靈之中，學習過程就是喚醒記憶的回憶過程，就是「知識回憶說」。

兩個妻子

亞里斯多德說蘇格拉底前後娶兩個妻子，第一個叫贊西佩（Xanthippe），第二個叫彌兒多（Myrto）。兩個妻子都有生育兒女，但古代的傳記作家對於她們的前後順序已經搞不清楚了，時而認為贊西佩是結髮妻，時而認為彌兒多是第一位妻子。還有人認為蘇格拉底同時娶了兩個女子，理由是雅典曾缺乏男丁，為了增加人口，就頒布一條法令，允許結婚的男人和別的女人生孩子，他是個守法的公民，就遵從這條法令了。

《哲人言行錄》把贊西佩描繪成凶悍的潑婦，但柏拉圖和色諾芬的作品沒有這樣的記錄和暗示，反倒顯示贊西佩是個深愛丈夫的賢妻良母。從〈申辯篇〉留下的線索，贊西佩應該比蘇格拉底小很多，因為他去世時七十歲，而他說還有未成年的孩子需要照顧。當贊西佩去監獄探視時，不得不帶著一個孩子，因為孩子太小，無法留在家中，這孩子應該尚在襁褓之中。女性的自然絕經期在四十五歲到五十五歲，大概可以推測出來，蘇格拉底比贊西佩年長至少二十歲，可謂「老夫少妻」。

韓非子曾說：「丈夫年五十而好色未解（懈）也，婦人年三十而美色衰矣。」蘇格拉底談到神愛世人的證據時說：「動物的性交受到時令限制，而人類的性交一直維持到老年時期。」蘇格拉底無意間透露出一個資訊，他雖然已經年近古稀，但雄風猶在，這也是神明特別關愛世人的證據。

人醜不是罪

有一次，一個人因向別人敬禮卻沒有收到回禮而生氣。蘇格拉底說：「這太奇怪了，如果你遇到身體醜陋的人，絕不會生氣，但遇到性情比較粗魯的人卻受不了。」不知道所謂「身體醜陋」的人是否指他自己。

眾所周知，蘇格拉底既不清秀，也不勻稱。阿里斯托芬（Aristophanes）把他走路的姿勢比作水鳥的大搖大擺，取笑他轉動眼球的習慣；柏拉圖和色諾芬提到他的寬大鼻孔和扁平鼻子，又提到眼睛的某些特徵，有可能是眼睛突出或兩眼之間的寬度異常。柏拉圖的《會飲篇》中，阿爾西比亞德斯（Alcibiades）說蘇格拉底看起來有些奇形怪狀，像森林之神薩堤爾（Satyr）。

勇敢是天生的嗎？

蘇格拉底參加過三次戰鬥，作戰勇敢，表現出色。第歐根尼說在德立昂戰役中，色諾芬從馬背上摔下來，蘇格拉底趕上去救他一命。但有學者對此事表示質疑，因為該戰役發生時，色諾芬還是嬰兒，色諾芬在《回憶蘇格拉底》也沒有提到對他而言如此重要的事件。所以蘇格拉底拯救的可能是阿爾西比亞德斯，雅典城的大帥哥。

有人曾問蘇格拉底，勇敢是由後天的教育和訓練養成的品性，還是先天的？蘇格拉底回答：「就像有些人天生體格健壯，更能夠吃苦耐勞，有些人的靈魂天生比較堅強，勇於面對危險。不過我認為，一切天生的品質，包括人的膽量，可以透過後天的學習和鍛鍊提高。」

橫眉冷對千夫指

蘇格拉底的勇氣絕不僅是「不膚橈、不目逃」的匹夫之勇、狗彘之勇，更表現為「雖千萬人吾往矣」的大智大勇。道義所在，慨然蹈之。

西元前四〇六年，雅典海軍與斯巴達的一次戰鬥中獲勝，但雅典人損失二十五艘戰艦和四千名士兵。按照慣例，雅典的八位將領必須營救士兵，打撈屍體回來安葬，但由於暴風雨的阻隔，他們沒有這麼做。失去親人的家庭嚷嚷著一定要處死這八位將領。蘇格拉底做為議事會成員，堅持依法定程序辦事，反對把不合法的提議付諸表決。憤怒的人們高聲喊喝：「如果民主政府不能代表人民的呼聲，那就是恥辱！」反對的人高喊說：「如果民主政府不能依法辦事，那才是恥辱！」

很多議事會的成員迫於洶湧的民憤壓力，倒向順應大眾的一邊。但蘇格拉底堅持己見，橫眉冷對千夫指，不願在威脅之下委曲求全，寧願違背群眾的要求，也不會違背正義。但他勢單力薄，不能扭轉形勢。最後，有六名將領被處決，另外兩人逃跑了。

西元前四〇四年，雅典貴族在斯巴達的暗中支持下建立「三十人僭主集團」的專制政權，肆意抓捕並殺害政敵。當他們指派蘇格拉底去抓捕一名雅典公民時，蘇格拉底拒絕執行命令，因此成為僭主仇視的對象，被勒令禁止繼續講學。但他寧願守法而死，不願違法偷生。當然，蘇格拉底心中，「法」並非完全等同於政府頒布的命令。

西元前三九九年，蘇格拉底被指控「不敬神」和「敗壞青年」兩項罪名，但面對由五百人組成的法庭陪審團，蘇格拉底沒有像一般人那樣打感情牌，博得陪審團和法官的憐憫。他說：「有些人受到指控就哭哭啼啼，抱著尚在襁褓的孩子來向法官求情，試圖最大限度地獲得同情……我有三個孩子，一個已經成人，兩個年紀尚小，但別指望我帶任何一個來這裡懇請你們判我無罪。」他堅持傾聽內心的聲音，拒絕服從習俗的慣例，在法庭上的發言儼然有意激起陪審團的反感。最後以二百八十一票對二百二十票的結果，他被判處死刑。

精神分裂還是神道設教？

並非所有瘋子都是天才，但天才或先知大多與瘋子十分類似。蘇格拉底也不例外，他瘋得不輕。

據柏拉圖的《會飲篇》記載，戰友阿爾西比亞德斯說，他親眼見過蘇格拉底思考問題，呆立如木樁，從黎明站到中午，從中午站到黃昏。有人好奇，拿著草席鋪在地上，想看蘇格拉底能站到什麼時候，結果他呆立到第二天早晨，太陽出來後，他向太陽禱告，然後就走了。

從一個黎明呆立到第二個黎明，整整一天一夜，至少二十四小時。印度人有瑜伽打坐的修煉方法，中國人頂天立地，不願意屈膝折腰，所以道教的修煉方法是「站樁」——像木頭樁子一樣呆立著。裡面的學問很多，千萬不可小視。至於原理，老子《道德經》說要「為無為，事無事」、「致虛極，守靜篤」、「見素抱樸，少私寡欲」，說實話，蘇格拉底都做到了。

清虛無為，可以通神，蘇格拉底果真通了神，他說：「我有過驚人的體驗。已經習慣靈異的聲音，它在過去一直是我的伴侶，如果我將要做什麼錯事，無論事情多麼微小，它都會加以阻止。」

能夠聽到別人聽不到的聲音，還能勸誡和指導自己，現代的心理學稱為「精神分裂」。蘇格拉底真的是精神分裂，還是故弄玄虛，神化其事——類似中國所謂的「神道設教」，打著「神」的旗號，偷偷摸摸地販賣自家的私貨？

能夠一口氣站二十四小時，恐怕不是「裝」出來的。另外，宣稱自己能聽到靈異的聲音，正是被人控訴的主要罪證之一。江湖騙子故弄玄虛是為了混口飯吃，蘇格拉底雖然貧窮，但無衣食之憂，透過故弄玄虛，把自己的小命搭上，與行騙牟利的初衷背道而馳。

我認為蘇格拉底既不是精神分裂的瘋子，也不是神道設教的騙子，他只是個「將誠實進行到底」的孩子而已。

蘇格拉底的生平事略

（Socrates's life story）

講課不收費

孔子說：「自行束脩以上，吾未嘗無誨焉。」可見他講課有收學費，有學者指出「束脩」乃是女士的見面禮，因此孔子的「有教無類」比較徹底，可能是收女學生的。

蘇格拉底講課不收一文學費，讓當時的雅典人感到大惑不解，例如安提豐曾問：「蘇格拉底啊！如果別人拿你一件衣服，你不會不要錢吧？如果別人要你的房子，你不會不要錢吧？可是別人聽你的談話，從你這裡汲取智慧，你卻不收錢，難道你的談話毫無價值嗎？」

蘇格拉底說：「出賣美色的人，我們稱為孌童；出賣智慧的人，我們稱為詭辯者。同聲相應、同氣相求，我願意以文會友，以友輔仁。有人愛犬馬，有人愛鳥雀，我認為朋友更有價值，我喜歡相互砥礪，以期增長德性和知識。」

蘇格拉底還說不收取報酬是為了保守自由，索取報酬會迫使自己成為奴隸，因為他將不得不與給報酬的人進行討論，從而失去選擇談話對象的權利，甚至失去選擇談話內容的自由。

勸阻年輕的官迷

在雅典，二十二歲的公民才有資格執行公民權，但柏拉圖的弟弟格勞孔（Glaukon）還未滿二十歲，就急著在政府機構謀得職位，準備在公共場合發表演講。

蘇格拉底問他是否了解國家的稅收、邦交、軍事防禦、礦產開採和糧食供需等情況，格勞孔一無所知。蘇格拉底說：「要管好一個家庭，就要了解家庭的各種情況，而現在雅典有一萬多戶家庭，你為什麼不先嘗試解決一家的問題呢？」

格勞孔回答：「如果我能說服叔父，我想對家庭應該會有貢獻。」

蘇格拉底反問：「你連說服自己的叔父都沒有把握，你認為有能力說服整個雅典城的公民嗎？難道你不明白，去說或去做自己完全不懂的事情是多麼危險嗎？」

蘇格拉底的勸說非常成功，格勞孔這個年輕的官迷暫時放棄從政的想法。

勸勉能者從政

柏拉圖的外祖父老格勞孔有管理城邦的才能，但他畏縮不前，毫無從政之意。蘇格拉底對他說：「如果有人能夠在競賽中奪得冠冕，獲得榮譽，卻拒絕參賽，你說這是什麼樣的人啊？」老格勞孔回答說肯定是個懦夫。蘇格拉底繼續追問：「如果有人有能力治理城邦，增進公眾的福利，並因此受到大家的尊敬，但他畏縮不前，豈不也是一個懦夫？」

老格勞孔反問蘇格拉底如何知道他有治理城邦的才能，蘇格拉底說他發現老格勞孔總是能夠明白是非，給其他人很好的忠告，既然能夠指導別人，就會有進行治理的才能。

但老格勞孔推拖說自己對在公共場合發言感到害怕，相當怯場。

蘇格拉底說：「會彈琴的人在私下彈或在公共場合彈都同樣出色，你既然在有才能和有權勢的人面前說話都條理清晰、大方得體，在那些最無知、最微不足道的人面前，怎麼會害羞得說不出話呢？他們不過是些銅匠、鞋匠、農民和批發商，是些在市場上斤斤計較、買賣貴賤的人！」

如何對付嘮叨的父母？

有人對蘇格拉底說：「父母的責罵和嘮叨實在讓人受不了。」

蘇格拉底說：「演員在舞臺上會受到搭戲人的辱罵、恫嚇和侮辱，他們不會生氣或煩惱，因為知道對方沒有惡意。既然你知道父母對自己沒有惡意，為什麼要煩惱呢？」

如何對付蹭飯的親戚？

由於遭逢戰亂，阿里斯托哈斯不少親戚失去土地和財產，但都是擁有自由的雅典公民，長期使奴喚婢的生活，使他們遊手好閒，在阿里斯托哈斯家裡住著，白吃白喝。一下子要多養活十幾口人，經濟捉襟見肘，甚至要借外債生存，阿里斯托哈斯見到蘇格拉底就開始抱怨。

蘇格拉底說，你現在這樣非常危險，沒有提出讓他們去勞動，任他們白吃白喝，而你在巨大壓力之下少不了會抱怨幾句。你抱怨他們幾句，他們就以為你厭煩了，以為你把錢財看得比親情重要，這樣下去會愈來愈糟。解決的辦法就在於讓他們參與勞動，增加家庭的收入。

阿里斯托哈斯聽從蘇格拉底的建議，讓這些親戚從事不同勞動，家庭的經濟狀況大大好轉。但他提出另一個問題：「親人都有工作，現在唯獨我遊手好閒，他們紛紛議論說我是唯一蹭飯的人。」

蘇格拉底說，你講「狗有特權」的故事給他們聽，他們就不會再抱怨了：

從前，禽獸會說話。一隻羊對主人說：「你做事真古怪，我們提供羊毛、乳酪，還產小羊羔，但我們除了在田野啃幾口草，其他什麼都得不到。而狗呢？牠什麼都不做，整天閒散地來回轉悠，你居然把自己的食物分給牠。」

狗聽到就說：「我以宙斯的名義發誓，你們說的的確是事實，但如果不是我保護你們免受豺狼的掠食和盜賊的侵擾，你們恐怕連草都吃不到。」

於是，所有動物都認識到狗理應擁有特權。

如何對付告密者？

克力同家裡相當富有，為人安分守己，不愛惹是生非，但總有人打他的小報告，對他提起訴訟。他們知道克力同會為了平息是非，寧願出錢擺平。因此克力同儼然成為他們的搖錢樹，沒錢花時就透過告密來製造麻煩。

蘇格拉底說：「我知道你不願意咬人，但你可以養一條狗啊！」

於是克力同找到名為阿赫戴馬斯的窮人，此人擅長辭令，善良正直，克力同經常周濟他，請他吃飯，給予各方面的照顧。阿赫戴馬斯以其人之道還治其人之身，抓到那些告密者的小辮子，將他們起訴，然後按兵不動，等待這些人做出回應。等他們撤回對克力同的訴訟後，阿赫戴馬斯才撤回訴訟。

後來，阿赫戴馬斯不僅幫助克力同，也成為他很多朋友的親密戰友。

勸解爭財失和的兄弟

蘇格拉底對因爭財而失和的兄弟說：「財富是沒有知覺的東西，兄弟有知覺，財富需要保護，兄弟能夠提供保護，除此以外，財富有很多，但兄弟只有一個。奇怪的是，一個人竟會因不能得到兄弟的產業，而把對方看作對自己有害的人，但他不因不能得到國人的產業而認為國人對他有害，處於後一種情況下時，他能夠這樣推想：和許多人共同生活在一個社會，能夠安全地享用小康的資財，比擁有全國人的財產而獨自生活於恐怖之中要好。可是對於兄弟，為什麼不能這樣想呢？」

蘇格拉底還說：「照目前的情況來說，你們兩人就彷彿兩隻手，本來是神明造出來互相幫助，卻忽略本分而互相妨礙；又好像兩隻腳，本是神明造出來互相合作，卻放棄這種職守，彼此彆扭起來，把本來是為了我們能更好地生活而造的東西用來加害自己，豈不是很大的愚昧和不幸嗎？」

教妓女編織網

雅典城中一個名叫賽阿達泰的妓女，美得無法用言語形容。蘇格拉底說：「既然語言無法形容，我們就親自去看看吧！」

到了賽阿達泰家，看到有畫師正在為她畫像，他們認真欣賞一番美女的身體。事後蘇格拉底說：「我們如願以償見到美人兒，從此之後念念不忘，並且到處讚揚她的美。那麼，是我們因欣賞美人而受益良多，要感謝美人呢？還是美人因我們的欣賞而受益良多，要感謝我們呢？」

賽阿達泰說：「這樣看來，當然是我要感謝你們啦！」

蘇格拉底見到賽阿達泰和家中奴僕的穿戴都很華麗昂貴，就問她是否有田產、有房租收、有會手藝的奴隸等，得到的答覆都是否定的。他問賽阿達泰，這些生活必需品都

193 蘇格拉底的
生平事略

從哪裡來？賽阿達泰說都是朋友送的，她依靠朋友生活。

蘇格拉底說：「靠朋友比靠一群綿羊、山羊、公牛強多了。妳是運氣好，朋友都像蒼蠅一樣，自動飛過來，還是有什麼計策吸引他們來了呢？」

賽阿達泰說：「哪有什麼計策呀！」

蘇格拉底說：「蜘蛛要吃飯，還要有張網。妳怎麼能沒有一張網呢？一隻野兔本來微不足道，獵人還要張網捕捉。妳的朋友是生活來源，這麼重要的獵物，怎能只憑運氣，而沒有一張網呢？」

賽阿達泰說：「我如何弄到這樣一張網啊？」

蘇格拉底說：「妳本來就有一張網，妳的身體就是網；身體裡面還住著一個靈魂，懂得如何說好聽的話，讓那些來殷勤求愛的客人高興……但對那些已經滿足的人，就不要再讓他們輕易得到妳的愛情，直到滿足感消失，並再度感到急不可耐。這時，妳要一本正經地進行談話，然後半推半就地對付他們，讓他們饑渴的心情達到頂點，這比隨時滿足他們強得多了！」

賽阿達泰說：「不然你和我一起網羅朋友吧！」

蘇格拉底說：「我有一大堆公事和私事，忙得很，還有很多女朋友，白天、晚上都纏著我，哪有功夫幫妳網羅呢？」

悍婦如烈馬

《哲人言行錄》記載蘇格拉底的妻子贊西佩是個性情暴躁的悍婦。有一次，蘇格拉底被她罵過一番後，剛走出屋門，就被她潑了一盆水。蘇格拉底說：「我就知道雷電之後，必有暴雨。」

還有一次，贊西佩和蘇格拉底在市場爭吵，贊西佩把他的外套扯了下來。他的朋友建議蘇格拉底出手教訓妻子，但他說：「好啊！我以宙斯之名發誓，一旦動起手來，你們會在旁邊叫好：『打，蘇格拉底！』『太棒了，贊西佩！』」

有人對他說，你怎麼和一個潑婦一起生活？蘇格拉底說：「好的騎手喜歡烈馬，如果連烈馬都能馴服，對付其他的馬就不在話下了。我和她在一起，不得不調整好自己，這樣一來，我就能夠更好地適應世界了。」

不與驢相踢

據第歐根尼記載，蘇格拉底與人辯論常十分激烈，經常惹得人們對他拳打腳踢，甚至扯掉他的頭髮。對這個記載，我十分懷疑其中的「經常」，若真如此，蘇格拉底的頭髮是不夠用的。

據說有一次，有人在辯論中惱羞成怒，上去踢他一腳，結果蘇格拉底若無其事地承受。別人問他為什麼不還擊？他回答：「你是要我遵從驢子的規則嗎？假如他踢我，我一定也要踢他嗎？」

請客

蘇格拉底請富人到自家做客，但贊西佩說很難為情，因為餐宴顯得寒酸。蘇格拉底說：「不用擔心，如果他們有德行就不會在意；如果他們沒有德行，我們就不必在意。」

人是否該結婚？

有人問：「到底該不該結婚？」

蘇格拉底回答：「你選擇哪一邊都會後悔！」

盛讚赫拉克利特

有人把赫拉克利特的論文送給蘇格拉底，詢問他的看法，他說：「我理解的部分是卓越的，而且我敢說，我不理解的部分也是卓越的；但它需要一個潛水夫潛到底部去。」

這個回答讓我們感動，這裡沒有文人相輕的傲慢，只有英雄識英雄的坦誠。

★蘇格拉底的教誨

（Socrates's teaching）

三個第一與兩點貢獻

《哲人言行錄》記載，蘇格拉底是第一個教授修辭學的人，第一個論述生活行為的人，也是第一個因思想言論而被判死刑的哲學家。

亞里斯多德說有兩件事物可以歸功於蘇格拉底，即歸納論證和普遍定義，都是知識的出發點。哲學家王曉朝認為：「從消極的方面說，蘇格拉底否定以往的自然哲學；從積極的方面說，蘇格拉底運用歸納和定義的方法，建立倫理學。」

把哲學從天上帶到人間

蘇格拉底之前的哲學家喜歡研究宇宙，尤其是天上的事物，蘇格拉底認為，思考這些問題是愚妄的。首先，他認為這些哲學家完全忽略人類的事物而研究天上的事物，儼然對人類的事物已經瞭若指掌。其次，這些人的研究結果相互抵牾，各執一詞，爭論不休。

對於這些瘋狂的人來說，有人認為世界是一，有人認為世界是多；有人認為萬物流

變，有人認為無物運動；有些人對石頭和木頭俯伏下拜，有些人則毫無敬畏之心；有些人無可無不可，做什麼事情都不覺得羞恥，有些人則厭惡人類，根本不想走進人群。

蘇格拉底的態度與孔子有類似之處，例如孔子說：「未知生，焉知死？」「未能事人，焉能事鬼？」孔子還說：「君子以思不出其位。」不是自己該想的東西就別想，這是智慧。孔子的弟子子夏說：「博學而篤志，切問而近思，仁在其中矣。」切問近思就是「切近思問」的意思，「切近」什麼？答：切近生活，切近生命。

蘇格拉底年輕時曾學習自然哲學，當他聽說阿那克薩哥拉提出「心靈是一切秩序的原因」這一命題時，心中十分歡喜，立刻跑去找阿那克薩哥拉的著作研讀。但他大為失望，因為書中沒有把「靈魂是萬物的原因」貫徹到底，更多是講水、土、火、氣等稀奇古怪的東西。蘇格拉底說：「我擔心由於用肉眼觀察對象，試圖借助每一種感官去理解，我也有可能使自己的靈魂完全變瞎。」

蘇格拉底抱著一種學以致用的態度看待學問，不主張人們研究太陽的大小、行星的運轉週期之類的問題。思想發生轉變的蘇格拉底，開始在街頭巷尾和各色人等交談，主題都與生活倫理密切相關，例如何謂正義、勇敢、自制、友愛、虔敬等。都和孔子有類似之處，強調「下學而上達」，在人倫日用之中彰顯天道流行。

勸學

據《孔子家語》記載，子路對孔子說：「南山有竹，不揉自直，斬而用之，達於犀革。以此言之，何學之有？」孔子回答：「栝而羽之，鏃而礪之，其入之不亦深乎？」於是子路拜服。

蘇格拉底的思路頗為類似，他指出烈性而桀驁不馴的良種馬，如果小時候加以馴服，就會成為最有用、最驍勇的千里馬；但如果不加以馴服，則始終是難以駕馭的駑馬。品種最優良、最經得住疲勞、最善於襲擊野物的獵犬，如果經過良好的訓練，就會最適合於狩獵；但如果不經訓練，就會變得狂暴，而且最不服使喚，因此毫無用處。

珍重友誼

蘇格拉底說很多人都講人生得一知己足矣，朋友比一切財富更寶貴，但事實上大多數人言行不一，他們在結交朋友一事上，相當不重視。家裡的牲畜生病，他們會急急忙忙去請獸醫；如果奴僕病逝了，就覺得財產蒙受損失，十分悲傷。但如果失去一位朋友，他們卻覺得沒什麼大不了。難道在他們心目中，一個好朋友居然不如一頭牛、一匹馬嗎？人們為了吃蘋果，還要辛辛苦苦栽培果樹，愛護有加，難道不應該更加用心地培養友誼嗎？

珍重友誼的人要不斷地提高自身，交友之道，應該如切如磋、如琢如磨，相互砥礪、共同進步。因此，蘇格拉底說：「一個沒用的奴隸，主人情願打折也急著要脫手賣掉；一個沒用的朋友也會被人拋棄。我從來沒有見過有人肯把有用的奴隸賣掉，同樣的，好朋友也不會被人拋棄。」

交友之道

蘇格拉底說：「獲得友誼不能像獵取兔子般窮追不捨，不能像捕鳥般設計擒獲，更不能像對待敵人般使用暴力。違背一個人的意願而想使他成為你的朋友相當困難，因為很難把朋友像奴隸一樣囚禁起來，畢竟這樣一來，他就不會成為你的朋友，反倒成為你的敵人。」

蘇格拉底說：「真正良好的管家要把有價值的東西在市價最低時買進來。交朋友要瞅準時機，用最低的代價獲得良好的友誼。」什麼時候是好時機呢？根據蘇格拉底的說法，一個人急需幫助時，就是最好的時機。

問題是，怎樣知道對方是益友而不是損友呢？

蘇格拉底說，一個養馬的人，如果他過去對待馬是很好的，那麼他對待以後要養的馬也不會差。同理，如果一個人對待過去的朋友很好，顯然也不會虧待未來的朋友。

無所逃於天地之間

孔子的弟子子貢曾對老師說：「我不欲人之加諸我也，吾亦欲無加諸人。」意思是說：我不想讓別人強制管束我，也不想強制管束別人。蘇格拉底的弟子阿瑞斯提普斯（Aristippus）對老師說：「我不想統治任何人，也不想被任何人統治。通往幸福的道路不是奴役，而是自由。」

蘇格拉底的回答與孔子一樣：「這件事你是搞不定的！」

為什麼？

寫下〈逍遙遊〉的莊子曾感嘆「天下之大戒二」，父母之命，君王之義，讓自己無所逃於天地之間。說白了，只要你活著就擺脫不了兩種結果：或者被人管，或者去管人。

蘇格拉底說：「生活在人間，你竟認為統治人和被統治都不適當，而且還不甘心尊敬掌權者，我想你一定會看到，強有力的人有辦法把弱者當奴隸來對待，叫他們無論在公共生活或私人生活中都自嘆命苦。」

阿瑞斯提普斯說：「算了，我拒絕做任何國家的公民，四海飄蕩，到處旅遊。」

蘇格拉底說：「國王建築城堡以自固，有時會被攻擊、被殺害。你覺得自己走在異國的道路上，走在陌生的城市裡，居民有義務保護你的安全嗎？你的力量比當地人的力量強大嗎？歹徒會因為你是遊客，就放棄對你的襲擊嗎？」

一切美好皆需努力

蘇格拉底說：「神明賜予人的一切美好事物，沒有一樣是不需要辛苦努力就可以獲得的。如果你想獲得神明的寵愛，就必須向神明禮拜；如果你希望得到朋友的友愛，就必須善待朋友；如果你想從城市獲得尊榮，就必須支援城市；如果你希冀因德行而獲得全希臘的表揚，就必須向全希臘做出有益的事情；如果你要土地帶來豐盛的果實，就必須耕耘這塊土地；如果你決心從羊群獲得財富，就必須好好照管羊群；如果你想透過戰爭而壯大，取得力量來解放你的朋友並制伏敵人，就必須從懂得戰爭的人那裡學會戰爭的藝術，並在實踐中加以正確運用；如果你要使身體強健，就必須使身體成為心靈的僕人，用勞動和汗水來訓練它。」想要騎驢，先要伺候驢；想要得幸福，先要去受苦，這真是矛盾。

主動迎接艱辛生活

阿瑞斯提普斯聽完後說：「反正都是受苦，情願會受苦，不情願也會受苦。相比而言，主動受苦是愚不可及的。」「今朝有酒今朝醉，明日愁來明日愁」總勝過「今朝有酒不敢醉，愁尚未知便已愁」。

蘇格拉底說：「怎麼會一樣呢？自願受苦的人，有美好的未來在鼓舞自己，就像打獵的人雖然經受艱辛，但有獵物在前面等待自己。而渾渾噩噩度日的人是沒有希望的。更關鍵的是，自願挨餓的人，如果願意進食，隨時可以生火做飯；而被迫挨餓的人就沒有選擇的自由，當他想吃飯時，只能面對饑餓的煎熬。」

因此蘇格拉底看來，「人無遠慮，必有近憂」，要主動迎接艱辛的生活，而不是坐等艱辛的生活降臨到自己頭上。到時不僅會面臨無可躲避的艱辛，還會失去選擇的自由。

避色如避仇

孔子說：「已矣乎，吾未見好德如好色者也。」算了吧！我從來沒有見過誰愛好德性就像愛好美色一樣如此持久且強烈啊！王陽明說《大學》中「如好好色，如惡惡臭」是「知行合一」的最佳例子：知道人家漂亮，就已經喜歡；知道氣味難聞，就已經開始討厭。

蘇格拉底的勇敢是視具體情況而定，有些事情「勇於敢者則殺，勇於不敢者則活」。他告訴弟子色諾芬：「當你看到一個美人時要拔腿就跑。」這和豬八戒的告誡差不多——避色如避仇，避風如避箭。

蘇格拉底說美人之毒害遠勝毒蜘蛛，蜘蛛如果要傷害人，還要接觸人的皮膚。而美人與你相距數十公尺遠，就能夠收攝你的魂魄，所以被稱為「愛情射手」。人一旦中毒就如痴如狂，失去自制力。當他聽說有人居然親吻阿爾西比亞德斯美貌的兒子時，驚呼道：「真是膽大妄為，太冒險了！」

人類的苦難多是自找的

大自然能加給人類的苦難有限，人類的不幸大多是自找的。道教的《太上感應篇》說：「禍福無門，唯人自招；善惡之報，如影隨形。」《周易．繫辭》說：「言行，君子之樞機。樞機之發，榮辱之主也。」蘇格拉底有類似的看法。

蘇格拉底說：「我們把許多給人類帶來痛苦的事情放到幸福中。有許多人由於美貌而被那些見色思淫的人敗壞；有人自恃身強力壯而不知顧惜健康，導致百病纏身；有人因為財富而墮落；有人因為權勢而腐敗；有人因為名譽而忘乎所以。」

沒有一勞永逸的美德

有人或許會認為：深刻過的人，就不會再淺薄；曾堅守正義的人，就不會陷入不義；一度謹慎的人，從此就不會變得輕忽大意；受過教育的人，也不會再度陷入愚昧無知。

但蘇格拉底反對上述觀點，認為人的靈魂和欲望一起被栽種在身體，欲望不斷刺激靈魂，要靈魂放棄自制，以便盡早在身體中實現欲望的全面統治。「不鍛鍊身體的人，就不能執行身體所要求的任務，同樣的，凡不鍛鍊心靈的人，不可能執行心靈所應執行的任務，這樣的人既不能做他們應該做的事情，也不能控制自己不去做不應該做的事情。」

《中庸》說：「道也者，不可須臾離也，可離非道也。」沒有一蹴而就的美德，美德需要用生命保守，一息尚存，謹守勿失，蓋棺定論，死而後已。

放縱並不快樂

老子《道德經》有一段著名的話：「五色令人目盲；五音令人耳聾；五味令人口爽；馳騁畋獵，令人心發狂；難得之貨，令人行妨。」若想讓幸福綿長持久，就必須學會節制。蘇格拉底和老子都不是禁欲主義者，他們提倡有節制地享受生命，放縱不但有損於快樂，也有損身體和心靈。

蘇格拉底說：「不能自制就不能忍饑、耐渴、克制情欲、忍受瞌睡，而這一切正是

211　蘇格拉底的
教誨

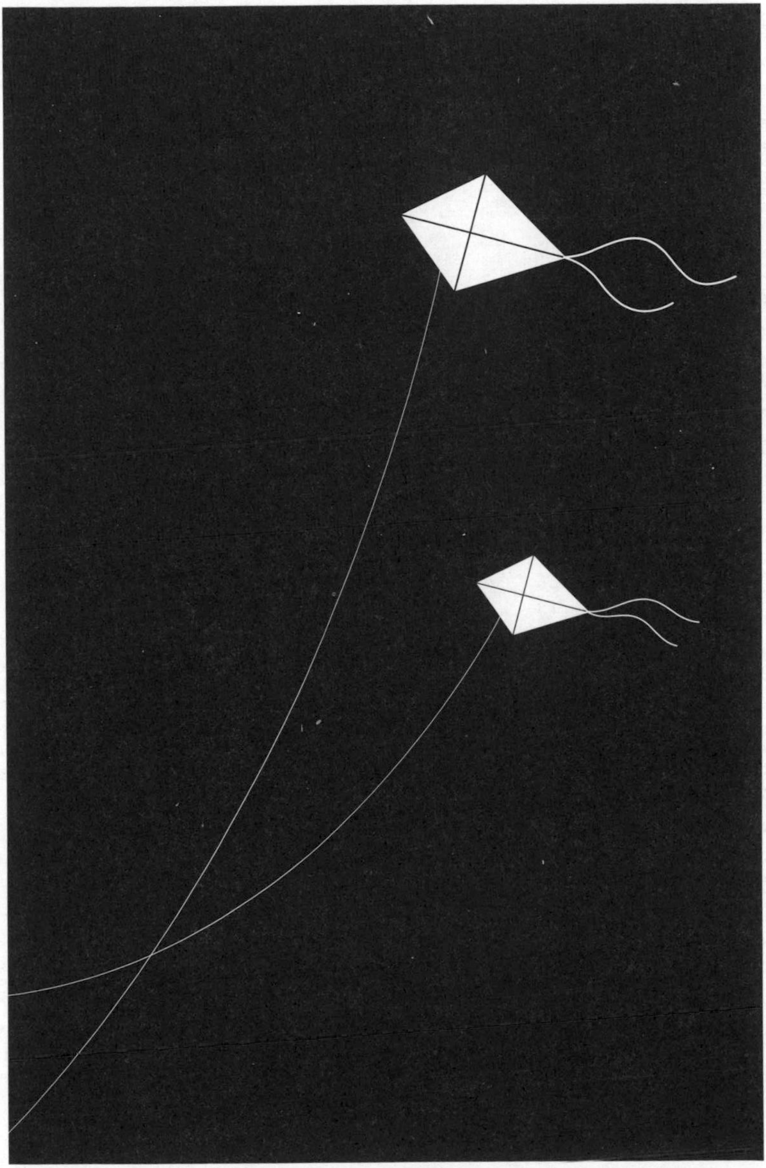

吃、喝、性交、睡眠有樂趣的原因；經過一段期待和克制後，這些事才能給人以最大的快樂，而不能自制則恰恰阻礙人們對於這種值得稱道的最必要和最經常的樂趣享受。」

自由的前提是自制

蘇格拉底看到有人嚴厲懲罰侍從，問他為何如此苛刻。那人回答：「因為他既好吃又愚蠢，既貪婪又懶惰。」

蘇格拉底回答：「這樣的話，你得好好考慮考慮，該挨打的是他，還是你。」

蘇格拉底的意思是，既然不願意自己的奴僕成為缺乏自制力的人，那麼，我們豈不更應該力行自制的美德嗎？有誰願意和缺乏自制力的人做朋友呢？不能自制的人，壞處不僅在於他會損害別人的利益，還會損害自己的利益，毀掉自己的身體和靈魂的同時，也殃及親人和友人。就像奴隸需要主人管教一樣，缺乏自制力的人已經把自己放到奴隸的位置。因此，凡是不能自制的人，就沒有自由可言。

受情欲支配的人，是不自由的人。「有一些動物，例如鵪鶉和鷓鴣，由於不會克制性欲，聽到雌鳥的叫聲時，就會貪圖享樂、放鬆警惕，終於落入陷阱之中……如同姦夫，明知犯姦淫之罪要受法律懲罰，也會中人的埋伏，被捉、受毒打，卻仍然往婦女的房裡鑽，甘心自投羅網，與惡鬼附體有什麼區別呢？」

智慧就是最大的善

不能自制的人，就是最壞的奴隸。

蘇格拉底說：「智慧是最大的善，不能自制會使智慧和人遠離，並驅使人走向相反方向。不能自制，人便耽於快樂，導致本來能分辨好壞的人感覺遲鈍，不但不去選擇較好的事，反而選擇較壞的事，從而阻礙人們對有用事物的注意和學習。」

布萊茲．帕斯卡（Blaise Pascal）在《思想錄》寫道：「理智之命令我們，要比一個主人專橫得多；因為不服從主人，我們就會不幸；不服從理智，我們卻會成為蠢材。」

智慧的反面就是瘋狂

蘇格拉底說：「瘋狂就是智慧的對立面。」但他沒有把無知認作瘋狂。不過一個人如果不認識自己，把不知道的事當作知道，而且相信自己知道，就接近瘋狂了。他說許多人不把在大多數人不知道的事上犯錯稱為瘋狂，而是把大多數人知道的事上犯錯稱為瘋狂。

例如，一個人認為自己身高異常，以至於從城門走過時要彎腰，生怕撞到腦袋，人們就會嘲笑他是瘋子。或者一個人自以為力氣很大，想要攥著牆根把房子舉起來，人們會認為他是瘋子。但這些都是眾所周知、顯而易見的事情。

相反的，在人生的重大問題上，很多人沒有確切的認識，例如何謂正義？何謂虔敬？有太多人在此類問題上栽跟頭、犯錯，和世人嘲笑的那些瘋子沒有本質的區別，只是人類不自覺其瘋狂而已。因此「認識自己」，就成為蘇格拉底的一個中心論題。

關鍵在於自我評價

人生的意義是什麼？蘇格拉底的理論中，人生的意義在於理解包括自己在內的世界，並向世界表達自己的理解。整個人類文明，無論是自然科學還是社會科學，無論是個人成長還是社會教育，全部活動都體現在「理解」和「表達」這兩個方面。無論是衛星火箭、文學藝術，還是高樓大廈、牛奶麵包，全都是對世界的祕密進行解碼後的再編碼，是將主體的精神世界外化為客觀的物質世界。

若從倫理道德方面講，「理解」的過程體現為對自我和他人的評價和定位，而「表達」的過程體現為實踐中的「自制」或「自由」。蘇格拉底重視社會倫理，反覆強調刻在德爾菲神廟牆壁上的那句話——認識自己。人與人之間的賢愚之別，體現在自我評價和評價他人的能力上。自我評價失當、自我定位混亂的人，就像一輛方向盤失去控制的汽車，也像一艘舵手缺位的航船，誰知道它們會在哪裡終結呢？

蘇格拉底說：「有自知之明的人，還能鑑別別人，透過和別人交往獲得幸福，避免禍患。而不認識自己的人，對自己的才能有錯誤估計的人，不會給他人以客觀公正的評價。他們不知道自己需要什麼，也不知道應該避免什麼。不但得不到幸福，反而要陷入禍患。」

神所立之法的特點

很多人會認為違背道德和法律，能夠為自己帶來利益。

但蘇格拉底認為，違背人所制定的律法，或許能夠利用躲藏或暴力逃避刑罰，但違背神制定的律法則無法逃避刑罰。例如受恩不報的人，首先要受到道德的懲罰，被視為忘恩負義之人。說謊的人要受到懲罰，即失去他人的信任。亂倫的人由於年齡的差別，通常很難生出健康的子女，而殘疾的子女就是對亂倫者的懲罰。暴君可以將進忠言的人處死，但會加速自己的滅亡。

他認為，凡是本身就給違背的人帶來懲罰的律法，都是由神所制定。這種理解很像老子的這句話：「天網恢恢，疏而不失。」

兩種瘋子

蘇格拉底認為世上有兩種瘋子，第一種認為一切都可以憑人的智力擺平，命運完全掌握在自己手中，沒有什麼事情是以神的意志為轉移；第二種瘋子認為神明決定一切，以至於神明允許他們運用自己的理智解決事情，他們也要問天求卜。把那些人類智慧能夠解決的事情拿來占卜的人，就是犯了不虔敬的瀆神之罪。

這與中國人的占卜原則有類似之處：不誠不占；不義不占；不疑不占。

祭神不是行賄

蘇格拉底家境貧寒，微薄的收入使他無法獻上豐厚的祭品給諸神。但他認為神不會只喜歡大的祭物而不喜歡小的祭物；如果是這樣，「不義而富且貴」的惡人就會比善良的人更蒙神的悅納；如果惡人受福佑，好人遭報應，人生就沒有價值。

因此，對神最好的祭品是虔敬之心。否則，諸神就成為收受賄賂的貪官汙吏。

怎樣才算有信仰？

如果在大街上苦口婆心地宣揚真理和正義，另一個人高聲喊喝：「若誰為我的言論鼓掌，我就給他三千元。」真理和利益發生衝突時，恐怕落敗的就是真理。假設批改考卷，改一道題，閱卷人得一元，有的閱卷人為了多改幾道題，完全不看內容，隨手胡亂給成績。一元就足以讓人忘掉良知，就足以讓人肆無忌憚地出賣別人的命運。

色諾芬評價蘇格拉底說：當別人因顧慮他人的譴責而不能遵照神的指示行事時，蘇格拉底就斥責他們的愚昧。他認為所有人的意見加在一起，也沒有神的勸告重要。道義和良知能否勝過利害算計之心，這是測試虔敬程度的試金石。或者說，聽從內心的呼聲，對抗世俗的喧嚷，那才算真正的信仰。

誰有權說謊？

人們讀書時會念錯字，有人是不識字，無意間念錯，也有人是故意的。故意念錯字的人，顯然比無意間念錯的人更有學問。蘇格拉底說，那些故意說謊的人顯然比無意間說謊的人，更加知道何謂正義，因此更為正義。例如對發瘋的朋友撒謊，以防止他犯錯，此時謊言就成為一種藥物，如同醫生用灼燒和穿刺的方法為病人治病一樣，不但不受譴責，而且還是一種善行。

如來佛說：「空拳誑小兒，以此度眾生。」目的之良善可以論證手段的正確。柏拉圖接著老師蘇格拉底的話說下去，認為統治者有權撒謊，只要這種謊言有利於城邦的穩定、和諧與繁榮。於是，世上許多偶像，如果你不用眼睛看，而是用錘子去敲，就會聽到它們發出咚咚的響聲，因為偶像通常是空洞的。

神存在的證據

蘇格拉底說：「你知道世上的塵土很多，而身體擁有的只是其中一點點；水是浩瀚的，而身體擁有的也是一點點。那麼，你是否就囊括宇宙中所有的智慧呢？這個廣袤的宇宙居然沒有理智的東西維繫著嗎？」

還說：「你能看見自己的身體，卻看不見自己的靈魂，但你不認為自己的行動純粹出於偶然，難道宇宙中的一切是純粹出於偶然而存在的嗎？」

為了證明神的存在，蘇格拉底拿人的身體構造敘事。他說眼睛是柔弱的，所以神就造眼瞼來保護；睫毛像屏風，可以擋住有害物質；眼上還有眉毛，不讓汗水流入眼中；吃飯的嘴巴離眼睛比較近，而排泄器官讓人討厭，就安排在距離眼睛很遠的地方。如此巧妙的安排，肯定是出於精密的謀劃，而不可能出於自然。

神愛世人的證據

蘇格拉底列舉五條神愛世人的證據：第一，人是唯一直立行走的動物，由於直立，就看得遠，避免很多傷害；第二，動物大都匍匐行走，而人則手足分離，由於有了手，人類獲得幸福的能力大大提高；第三，動物有舌頭，能發聲，但只有人類能夠細致區別聲音，相互傳情達意，即人類擁有豐富的語音語言系統；第四，動物的性交受到時令限制，而人類的性交可以持續到老年時期；第五，神明在人類的身體裡安置靈魂，表現在心靈能夠理解和探究萬事萬物的秩序，唯有人類知道敬拜神明，具有宗教意識，唯有人類能夠積累知識，預防饑餓、疾病，增進健康。

蘇格拉底說：「如果一種生物擁有牛一樣健壯的身體，卻沒有人的判斷力，牠無法將願望付諸實踐；如果有一雙手卻沒有智慧，同樣沒有用處。將身體和理智這兩種美好的事物同時賦予我們，難道不是神明眷顧人類的證明嗎？神明要為你做什麼，才會認為他們關心你呢？」

神為何不直接向我顯現？

有人豔羨蘇格拉底能夠聽到靈異的聲音，對他說：「如果神明像向你顯現那樣對我說話，我就相信神明的存在。」可能很多人都想過：如果上帝和佛祖向我顯現，來屋裡和我聊上幾個小時，我就信神。

對於這種想法，蘇格拉底說：「當雅典人藉著占卜求問神明時，神明給他們忠告，難道不是說給你聽嗎？或者，當神明把徵兆給予希臘人或全人類，警告他們時，祂們把你排斥在外、全然忽視了嗎……你可以指揮自己的身體，神明也可以指揮宇宙間的一切；不要以為你的眼睛能夠看得很遠，而神明的眼睛居然什麼都看不到。」

還說：「如果你不是期待看到神的形象，而是以看到神的作為就敬畏和尊崇祂們為滿足，你就會知道我所說的都是真話。想一想，神明已經把這一點指示給我們了……這位神是由於偉大作為而顯示出來，但祂管理宇宙的形象卻是我們看不到的……尤其是人的靈魂，比人的其他一切更具有神性，靈魂在我們裡面統治著一切是顯然的，但本身卻是看不見的……考慮到這一切，我們不應輕視看不見的事物，應該從它們的表現中體會出能力，從而對神明存敬畏之心。」

蘇格拉底對神的理解，遠不是古希臘人多神論的宗教，反而與基督教的上帝觀念更為接近。他被控「引進新神」，不算虛構和誣枉。尼采以「敵基督者」自命，一開始就把蘇格拉底視作勁敵，對他極盡諷刺、挖苦，明顯是嗅到他身上散發的基督教「一神論」的氣息。

對民主選舉的批評

在海上，懂得航行業務的人是統治者；在醫院，懂得如何治療疾病的醫生是統治者。如果一個人缺乏相應的專業技能，就需要請擁有知識的內行人指導自己。蘇格拉底認為統治和服從關係建立的基礎，在於掌握知識與無知的區別。例如紡織，婦女統治著男人，因為婦女懂得紡織，而男人不懂。

君王和統治者不是擁大權、持笏板的人，不是由群眾選舉出來的人，更不是抽中籤的人。蘇格拉底說：「沒有人願意用豆子拈鬮的辦法來雇用舵手、建築師、吹笛人，或任何其他行業的人。但雅典人卻用豆子拈鬮選擇國家領導人，非常愚蠢。」

蘇格拉底說：「巧言說服別人借錢給自己，事後卻抵賴不還的人是小騙子；巧言說服國人將大權交付給他，卻說缺乏治國本領的人是大騙子。」他還說：「當一個負責放牧的人，牧養的牲畜愈來愈少時，他肯定是個糟糕的牧者；我大惑不解的是，當一個城邦的首領，弄得人民愈來愈少，國勢愈來愈弱時，居然毫無愧色，沒有意識到自己是個壞領導。」

思想不危險

有人說蘇格拉底批評政府的言論會使青年人趨向採取暴力，簡言之，蘇格拉底的思想和言論會破壞社會穩定。蘇格拉底說，言論自由絕不會破壞社會穩定，禁絕言論自由才會破壞社會穩定。因為言論自由培養青年人的理性思維能力，他們知道仇恨和危險常伴隨暴力，而利用善意說服的辦法，就可以不冒危險而取得相同效果。不用殺人流血，用說理的方式就能夠讓別人服從的話，誰還會必欲置人於死地而後快呢？

蘇格拉底說：「凡被我們強迫的人，會像強奪他們東西似的那樣仇恨我們，而凡被我們說服的人，會像是受恩惠一樣愛戴我們。凡有理智、有修養的人，都不會使用暴力，只有那些缺乏理智、修養的人才會採用野蠻的暴力行徑。此外，凡敢於使用暴力的人，一定會召集黨羽以自固，但那些能夠以理服人的人，就不需要依仗人多勢眾。」

蘇格拉底之死因

(The cause of Socrates's death)

自知自己無知

蘇格拉底被指控不信神和敗壞青年時，他反駁從來沒有收過弟子，更沒有收過學費，當然沒有傳播任何固定的信仰和價值觀。青年人之所以熱衷追隨他，是因為他們樂意看到社會名流出醜。

為了證明「蘇格拉底是最聰明的人」的神諭是錯誤的，蘇格拉底去找公認有知識的聰明人進行辯論，沒想到卻暴露出那些權威的淺薄和無知。蘇格拉底幡然醒悟，自己之所以是最聰明的人，因為他是唯一知道自己無知的人；而那些所謂的權威和名流，恰好將自己的無知當作知識，將習俗和偏見做為指導人生的準則。例如世人皆怕死，怕死意味著死亡是痛苦和恐怖的。然而，活著的人沒有誰真正知道死後到底會如何。那麼，他們這種怕死的心態就是毫無根據的偏見。而蘇格拉底承認自己對死亡的無知，從而就免除世俗的偏見。在行為上，他認為自己沒有理由擁抱死亡，就像他沒有理由拒絕死亡一樣。

審判庭上的自我吹噓

蘇格拉底否認「引進新神」的指控，自我辯護說：「米利托斯（Meletus）怎能說我不尊重城邦所尊重的神？其他凡是碰巧在場的人——連米利托斯本人，如果他願意的話——都曾看見我在公共節日於民眾祭壇上獻祭。至於提到新神，我只是說神明的聲音向我顯明，指示我應該做的事罷了，怎麼能說是引進新神呢？」

蘇格拉底似乎故意要激怒陪審團成員，在法庭上說很多自我吹噓的話，例如：「哈賴豐有一回在德爾菲，當著許多人的面向神求問關於我的事時，阿波羅的回答是：『沒有比我更自由、更正義、更自制的人了。』」「你們知道有誰比我更少受情欲的奴役嗎？有誰比我更自由——從來不接受任何人的禮物或酬勞嗎？你們能夠合理地把誰看為比那安於自己的所有、不向任何別人有所求的人更正義嗎？一個人唯善是為、孜孜不倦，不就是真正的聰明人嗎？」「為什麼沒有一個人要求我向他報恩，反而有許多人異口同聲地說他們欠我恩情呢？」「為什麼別人的享受是從市場上花大量金錢買來的，而我卻不用花錢，從自己的心靈裡獲得更甜蜜的享受呢？既然沒有人能夠證明我說的關於自己的話是假的，那麼我受到神明和人們的讚揚豈不是很合理嗎？」

「人們在別的事上這樣做，不僅受到一般的待遇，而且還受到極大的尊敬，而我被一些人認為在對於人類有最大好處的教育方面很精通，反而被你們判處死刑，你難道不認為這是件奇怪的事嗎？」

雅典的牛虻

柏拉圖的《申辯篇》記載了蘇格拉底的言論：

「先生們，我實際上不是在為自己辯護，而是在為你們辯護，使你們避免因譴責我而褻瀆神的禮物。如果將我處死，你們再要找一個人來繼承我是不容易的。用個聽起來可笑、實際含義非常真實的比喻來說，神特意指派我來這座城市，就像一匹良種馬，由於身形巨大而動作遲緩，需要某些牛虻的刺激來使牠活躍。在我看來，神把我指派給這座城市，就是讓我發揮一隻牛虻的作用，整天飛來飛去，到處叮人，喚醒、勸導、指責你們所有人。先生們，你們不容易找到另一個像我這樣的人，如果你們接受我的建議，就不要處死我。然而，我懷疑你們已經昏昏欲睡，對我的厭惡會使你們接受阿尼圖斯（Anytus）的建議，一巴掌把我打死，然後繼續昏睡，直到你們的生命終結，除非神出於對你們的眷顧指派另一個人來接替我的位置。」

雅典允許用腳投票

柏拉圖在《克力同篇》記載蘇格拉底的言論：

「我們公開宣布一個原則，任何雅典人只要成年，能夠認識國家的政體和法律，如果他對我們不滿，都允許帶著財產去他喜歡的地方。假如你們之中有人對我們和國家不滿，如果他選擇去某個殖民地，或者移民去任何國家，我們的法律都不會加以阻攔，他不會失去財產。」

蘇格拉底說自己是最愛國的公民，他在雅典生活七十多年，完全是出於自由自願的選擇。雅典從來沒有用法律的形式強制他留在本國，而是允許公民用腳投票——不認可這個國家的制度，可以拔腿走人。

為什麼不越獄？

柏拉圖的《克力同篇》中，蘇格拉底自述拒絕越獄的理由。

第一，如果逃走，放逐、剝奪公民權、沒收財產的危險都會延伸到朋友身上。

第二，如果去憲法修明的國家，他們怎麼會歡迎一個不遵守自己國家法律的逃犯呢？

第三，逃跑會證明自己罪有應得，這是教導青年人漠視法律，「敗壞青年」的指控就落實了。

第四，逃到相對野蠻的地方苟且偷生，就無法像從前那樣宣揚自己的思想，難道為那些野蠻人講述自己喬裝改扮、越獄的故事嗎？他們會嘲諷自己，一大把年紀、活不了幾天，還如此貪生怕死。自己客居異鄉，會有朋友幫忙照顧孩子，難道自己去另一個世界，他們就不會照顧了嗎？

最後的囑託

蘇格拉底喝毒酒時，非常熱愛蘇格拉底的阿帕拉朵拉斯不禁失聲痛哭，並且說道：「看到您被不公正地處死，我感到非常難過。」蘇格拉底用手摸了摸他的頭，微笑說：「親愛的阿帕拉朵拉斯，難道你希望看到我被公正地處死嗎？」

蘇格拉底的大智大勇，建立在頗具反諷意味的「自知自己無知」的基礎之上。世人恰好相反，他們被太多「知識」（只能算作「習俗」和「偏見」）充塞頭腦，喜怒哀樂均建立其上，蘇格拉底會在內心視這個世界為「瘋人院」。的確，飲鴆待斃時的最後一句話是要求人們在他死後，給希臘的醫藥之神獻上一隻公雞。人們疾病痊癒時要獻祭給醫藥之神，而今，蘇格拉底終於徹底擺脫世人的瘋癲之病，靈魂也卸下所有成見，獲得永恆的寧靜。

★阿里斯托芬筆下的蘇格拉底

（Aristophanes，西元前448—380年）

三個蘇格拉底

色諾芬、阿里斯托芬（Aristophanes）和柏拉圖的筆下，出現三個蘇格拉底的形象，色諾芬筆下是溫文爾雅的智慧老人形象，著重描述他的生活；相對而言，阿里斯托芬筆下則是滑稽而誇誕，也許代表當時一部分雅典人心目中的蘇格拉底；而柏拉圖筆下則是一個崇尚思辨的哲學家形象。

色諾芬筆下的蘇格拉底儼然是個冷靜的導師，在最普通的事情上誨人不倦，當然也是位日常道德和宗教實踐的楷模。根據柏拉圖的記載，蘇格拉底是反對教條，甚至有些懷疑論傾向的道德哲學家，他檢省並揭露別人對智慧的矜誇，又否認自己在教導什麼，還主張一些非傳統，甚至悖論式觀點，如「自知自己無知」、「無人故意犯錯」等。

阿里斯托芬筆下的蘇格拉底主要出現在戲劇作品《雲》，蘇格拉底做為主角，是智者派的自然哲學家，只要有人付費，就教人如何把無力的論證變得有力，而且還否認諸神存在這一普遍觀點。很明顯，阿里斯托芬的戲劇作品，蘇格拉底有被誇張、被醜化的成分。但必須承認，阿里斯托芬是個目光敏銳的思想者，他看到蘇格拉底冷靜思辨背後所具有對傳統習俗的衝擊力和顛覆作用，甚至預言蘇格拉底的結局。尼采曾說柏拉圖不看自己的作品，睡覺時腦門下枕的是阿里斯托芬的喜劇。能夠受到柏拉圖的重視，說明阿里斯托芬不是淺薄、一味以插科打諢吸引讀者的作家。

柏拉圖的對話錄中，除《法律篇》等少數篇章外，大部分都是以蘇格拉底為主角，很難將他的思想和柏拉圖的思想區分開來。根據學者的考證，一般把柏拉圖的對話錄分為三組，即早期作品、中期作品和晚期作品，其中早期作品記述的思想基本上忠於蘇格拉底的哲學。這些早期的對話錄包括：《申辯篇》、《克力同篇》、《歐緒德謨篇》、《游敘弗倫篇》、《高爾吉亞篇》、《普羅達哥拉斯篇》、《拉凱斯篇》、《大希庇亞篇》、《小希庇亞篇》、《理想國》第一卷等，這是我們研讀蘇格拉底哲學思想的主要參考資料。

先來看阿里斯托芬筆下的蘇格拉底，值得一提的是，據說蘇格拉底在現場觀賞《雲》的演出，看到那些諷刺自己的內容，不禁愀然變色。

正邪兩路

雅典人斯瑞西阿德斯（Strepsiades）的兒子斐狄庇得斯（Pheidippides）是個提籠架

鳥的紈褲子弟，蓄著長髮，喜歡賽車、賽馬，作夢夢見的都是馬。把勤儉持家的斯瑞西阿德斯搞得債務纏身，徹夜難眠，思考如何「賴帳」。例如他吆喝著要僕人點燈時，僕人回答橄欖油已經用完，他就鞭打僕人，批評他平日用的燈芯太粗。為了賴帳，斯瑞西阿德斯幻想讓巫婆教會他巫術，然後用巫術把月亮裝進盒子，因為借貸是按月計算的，他認為只要月亮不出來，就不用還債。

斯瑞西阿德斯聽說蘇格拉底開了「思想所」，專門教人辯論，並教人正邪兩個套路的辯論方法，打算讓斐狄庇得斯去學習。斯瑞西阿德斯說：「聽說他們有兩種邏輯，其中一種叫正直的邏輯，還有一種叫歪曲的邏輯，後者就是用強詞奪理來取勝。如果學得這種無理取鬧的邏輯，欠下的債務連一個奧波勒斯也不用還。」但他兒子看不上蘇格拉底這類人，認為他和弟子凱瑞豐是「下流的東西」，是「面孔蒼白、光著腳丫的無賴漢」。無奈之下，斯瑞西阿德斯只好親自去「思想所」學習。

跳蚤和蚊子

剛走進「思想所」，斯瑞西阿德斯就碰上蘇格拉底的兩個弟子，他們吹噓蘇格拉底知識廣博，幾乎無所不知。

例如有一次，一隻跳蚤咬了凱瑞豐的眉毛，再跳到蘇格拉底頭上，於是他問凱瑞豐：「這蟲子跳的距離是牠腳長的幾倍？」這該如何計算啊？蘇格拉底熔化一塊黃蠟，捉住那隻跳蚤，把牠的雙腳浸在蠟裡，等蠟冷卻後，上面便形成一雙足印，再把足印刮下來測量距離。

斯瑞西阿德斯聽後，大呼絕妙。

還有一次，凱瑞豐問蘇格拉底，長腿蚊子嗡嗡作響，聲音是從嘴裡發出，還是從尾部發出？蘇格拉底說，蚊子的腸管細長，空氣用力從這細管通過，直達尾部，於是連著細管的空屁股便借風力響了起來。

斯瑞西阿德斯聽後驚呼，蚊子豈不就像大喇叭嗎？

斯瑞西阿德斯相信，讓蘇格拉底這樣博學的人教自己詭辯，肯定能夠在法庭上顛倒黑白，無理變得有理。

懸空而坐

接著，斯瑞西阿德斯見到蘇格拉底，只見他「坐在吊筐裡」，上不沾天、下不接地，可謂橫空出世。當斯瑞西阿德斯叫他時，蘇格拉底答道：「朝生暮死的人啊，你叫我做什麼？」

斯瑞西阿德斯問他為什麼把自己吊得那麼高，蘇格拉底回答：「我在空中行走，逼視太陽。」並且自述：「如果不把我的心思懸在空中，不把我淺薄的思想混進同樣淺薄的空氣，我便不能正確地窺探天空中的物體。如果我站在地面尋找天上的神奇，就尋不著什麼，因為土地會用力吸去我們思想的精液，就像水芹菜吸水一樣。」

哲學家總是關注天上的事物，而忽視腳下的土地；當思想飛向天際時，人的雙腳距離地面愈來愈遠，這大概就是阿里斯托芬設計的蘇格拉底形象要表達的意思。著名油畫《蘇格拉底之死》，蘇格拉底的手依然指向天空。後來的尼采對蘇格拉底極盡諷刺、挖苦，視他為希臘的精神和生命力衰敗的象徵，尼采推崇的超人是「大地的意義」，有意與「天空」相對而言。

變幻莫測的雲神

當歌唱隊載歌載舞的女郎上臺後，蘇格拉底向斯瑞西阿德斯介紹：「她們是天上的雲，是閒情遊惰人士的至大神明，我們的聰明才智、詭辯和欺詐奸邪全由她們賦予。」雲朵形態不定、行跡不定，變化莫測，於是蘇格拉底說：「你不曾望見天上的雲像人頭馬、像豹、像狼、像牛嗎？」

雲神就像蘇格拉底的辯論，總是讓他的對手如墜五里霧中。因此「她們餵著一些先知、詭辯家、天文學者、江湖醫士和蓄著輕飄長髮且戴著碧玉戒指的花花公子和寫酒神頌歌的假詩人——這便是雲神養著的遊惰之人，只因為他們善於歌頌雲」。

這個莫名其妙的雲神，象徵著蘇格拉底對希臘人傳統信仰的顛覆。「她們載滿雨水，負重運行，被一種自然的力量懸掛在空中，因此她們下降時，載著沉重雨水的部分互相撞擊，從而發出雷聲。」雷聲不是來自眾神之王宙斯（Zeus），而是來自大自然的聲音。從這個角度講，雲神象徵著哲學家們五花八門的自然哲學。

概念分析法

斯瑞西阿德斯從蘇格拉底那裡學到的第一個本領是對詞語的精細辨析，當斯瑞西阿德斯稱「雞」為「雞」時，蘇格拉底提醒他：所有的雞是否都一樣？有關動物的名詞是區分陰性和陽性，不能不加區分都叫「雞」，陽性的應該叫「雞公」（公雞），而陰性的叫「雞婆」（母雞）。哪怕是「和麵盆」，也要注意它的陰陽性。

斯瑞西阿德斯因老邁而記性不好，沒有學到蘇格拉底所教的全部內容，最後只好懇求兒子前來學習。即便如此，也增長不少本領。後來有人向他要帳催債時，他當面羞辱逼債者連「雞公」、「雞婆」都不分，還有臉面放債收息。

阿里斯托芬的譏諷不無道理，概念一旦被層層解析，最終就煙消雲散，什麼都沒有剩下了。例如「快樂」這樣簡單的名詞，平日所有人都認為自己很容易感受和理解。然而，依照蘇格拉底的思路，可以進行以下分析：快樂是指事件的過程本身，還是指最終的結果；是指主體的情緒狀態，還是指外物具有的能力；是來源於肉體刺激，還是產生於精神活動……經過一番分析後，你將發現自己居然不知道什麼是「快樂」了。

什麼是辯證法？英語叫 dialectics，就是兩個人進行對話的意思。而對概念進行一分為二的分析，是蘇格拉底辯證法的精髓。例如，柏拉圖在《智者篇》使用過這種二分法為「智者」下定義。

「思想所」的教學內容

斯瑞西阿德斯終於把兒子帶到「思想所」，讓他向蘇格拉底學習，並且向蘇格拉底囑託：「只請你記住，他一定得駁倒一切正義的理由。」而蘇格拉底的教學內容，首先是讓斐狄庇得斯見識正反兩種邏輯，甲方代表傳統的舊道德，而乙方代表批判舊道德的新道德。

甲方以正義自居，認為可以輕易消滅乙方；而乙方自信可以立於不敗之地，並宣稱「我是邏輯」。甲方相信正義行遍天下，但乙方說正義根本不存在，哪怕在天神那裡也不存在。「如果正義存在，束縛父親的宙斯怎麼沒有被判死刑呢？」不知道阿里斯托芬的《雲》上演時，蘇格拉底是否已經遭遇最終審判前的指控。據柏拉圖的《游敘弗倫篇》記載，蘇格拉底從法庭出來，碰上狀告父親殺人之罪的游敘弗倫，他們在交談中的確談過宙斯綁縛父親的事情。

甲方維護傳統道德，談到「舊時代所制定的教育：那個時代我很成功地傳授正直的德行，人人都遵守貞潔、謹慎、廉恥和節制。首先，孩子們不許說話只許聽；即使在大雪天，同區的學生只穿著貼身衣、集合得整整齊齊，一起穿過大街前往樂師家裡」。那時人們「看見羞恥的事情便會臉紅……知道孝敬父母，看見尊長前來便起身讓座……不到舞女那裡去，怕的是一旦見到妓女，她們就會用蘋果（暗喻招惹麻煩的『愛情』）來打人，會破壞名譽」。

但乙方諷刺說這樣的孩子只能叫「媽寶」、「小乖乖」。「年輕人，你想節欲有什麼意義，不能享受一切快樂：沒有孌童、女人，沒有酒肉、歡笑，缺少這些樂趣，生命還有什麼價值？我還要談到人性的情欲問題：例如你偶然失足，和婦人發生私情，犯姦淫的罪過，讓人家捉住，那時倘若你一句話也不會說，可就糟了！」所以詭辯的口才是必須提前訓練的。

但甲方回應：「你就不怕偷情被人抓到，叫人家在屁眼裡插進蘿蔔，拔去陰毛，再撒上熱灰？」一直到羅馬時期，倘若男人與別人的妻子苟合，事發後，通常的處罰方法依然是在公共場合，在他的肛門插上蘿蔔，以示羞辱。乙方直接挑戰甲方：「有本事你往臺下瞧瞧，觀眾中有幾人不是偷情者？」甲方回答：「差不多全是！」自認失敗而退場。

兒子打父親

斯瑞西阿德斯知道兒子已經從「思想所」學成歸來，底氣大增，對那些前來要債的人毫不客氣。他問討債者說：「你覺得天上每次落的雨都是新鮮的，還是太陽從地上吸回去的舊水？」討債人說不關心此類問題。斯瑞西阿德斯揶揄道，連自然現象都不懂，也配來討債，並且說：「江河流進海裡，海水尚且不見高漲，你這個倒楣人卻想讓本錢生長嗎？還不給我滾！」

接下來的一幕是兒子打父親，即斐狄庇得斯追打斯瑞西阿德斯。當父親指責兒子違反道德和法律時，兒子回答：「我懂得這種新的技巧和美妙的語言，能夠藐視既定的法律，真是痛快！從前我只愛玩馬時，說不上三個字就要鬧笑話。可如今蘇格拉底改變我的生活，叫我留心巧妙的思想和語言，我相信可以證明兒子應該打父親。」

斐狄庇得斯的理由如下，第一，「你既然說為我好而打我，我如今也可以為你好而打你，有什麼不對？我的身體應該挨打受罰，你的身體就不應該嗎？我不是生來也是自由人嗎？」第二，「照法律來看，只有兒子才挨打；可是……老年人比起年輕人更應該挨打，因為他經驗多，更不應該做錯事情。」第三，「當初制定法律的人不就和你、我一樣同是凡人嗎？他的話居然能夠使古時的人盡信。我為什麼不能夠為後代兒孫制定新的法律，讓兒子回敬他們的父親……試看小雞和旁邊的牲畜，牠們尚且和父親打架，雞和人有什麼分別呢？只不過牠們不能制定法律罷了！」

蘇格拉底的結局

被兒子揍一頓後，斯瑞西阿德斯終於意識到自己作繭自縛、罪有應得，於是悔恨不已，說道：「我真是神經錯亂，真是瘋了！竟為了蘇格拉底拋棄神！」於是決定燒毀空談者的「思想所」。

斯瑞西阿德斯帶著僕人，手持火把、斧頭，搭梯子爬上「思想所」的屋頂。當火光沖起，蘇格拉底和凱瑞豐被悶得喘不過氣來，從窗戶探出頭來，恰好看到正在屋頂行走的斯瑞西阿德斯，就問他：「喂！你在我們屋頂上做什麼？」斯瑞西阿德斯回答：「我在空中行走，逼視太陽。」

蘇格拉底教人用思辨編織網羅，而今，人們開始用網羅來捕殺他，這就是蘇格拉底的結局。

人人都想知道的問題

怎樣度過這一生？

（How to spend a lifetime?）

對「辯論術」的界定

就像普羅達哥拉斯一樣，高爾吉亞是名滿古希臘的大智者，普羅達哥拉斯曾來雅典教授「美德」，深受雅典人歡迎；同樣的，高爾吉亞來雅典教授「辯論術」，想來學習的人也非常多。粗讀文本，我們會認為《高爾吉亞篇》是談論辯論術；若仔細閱讀，會發現討論的實質在於政治的目的是什麼；掩卷深思，你會發現本篇旨在論證人應該「如何度過這一生」。人是群居動物，是社會性的動物，或者說是政治動物。《莊子・人間世》講道：「天下有大戒二：其一命也，其一義也。子之愛親，命也，不可解於心；臣之事君，義也，無適而非君也，無所逃於天地之間。」少年時，被父母管教；成年時，被政府管教，可謂「無所逃於天地之間」。當管教自己的父母不稱職，或者管教自己的君王是僭主時，我們該如何生存於世間？把莊子給的答案暫放一邊，看看蘇格拉底的論述。

高爾吉亞自稱精通辯論術的技藝，因此是個演說家。就像紡織必定與做衣服有關，音樂必定與創作樂曲有關，辯論術必定與話語相關。有些技藝主要由行動構成，幾乎不需要言語，僅憑行動就可發揮其功能，例如繪畫、雕刻等。此外，諸如醫學、幾何學都會用到話語，但不因此而是「辯論術」。

經過一番討論，高爾吉亞承認：辯論術的本質在於說服。儘管自己不是醫生，演說家卻比醫生更令人信服，無須學任何技藝但又能證明自己在任何方面都不比專家差，這難道不是一種極大的誘惑嗎？

演說家與甜點師

蘇格拉底認為辯論術根本不是「技藝」，與專門知識不是同一件事，只不過是經驗的「竅門」，更確切地講，是一種「使人歡樂的訣竅」，這方面更像甜食製造手藝。甜點師靠調配佐料迎合顧客的口味，而「演說家」同樣靠有吸引力的言辭「取悅鑑別能力較差的人」。也就是說，修辭術是媚俗的逢迎技巧。

有兩種照管身體（即把身體保持健康水準）的雙重技藝，以及兩種相應的照管靈魂的雙重技藝。「照管」身體的兩種技藝沒有共同名稱，其一是體育，即造就真正健康的身體；其二是醫學，其職能是使不健康的身體恢復健康。與此相應，「照管」靈魂的技藝只有單一的名稱，叫做「治國之才」，可是它有兩個分科：制定精神健康標準的「立法」和糾正、補救靈魂疾病的「司法」（或正義）。

體育和醫學的規則是建立在促進身體健康的知識基礎上，立法者和審判者的規則是建立在有益於靈魂的知識基礎上。但四種技藝都有其假冒物，而贗品把令人愉快而不是使人得益做為標準，與真正的技藝大不相同。

甜點師是醫生的贗品，醫生旨在囑咐我們吃促進健康的飲食，而甜點師旨在建議我們吃適合口味的食物。美容術是體育的贗品，透過化妝品、時髦服飾等手段產生虛假的優美和魅力。與靈魂的健康有關的技藝也是這樣。智者自稱傳授德性，但他做為德性傳授的，只不過是使自身受歡迎的生活；雖然自稱是診治政治紊亂的醫生，但他建議的措施不過是說服聽眾而已，因為他著重推薦的是一瞬間的情緒所欣然贊同的東西。

為所欲為並非強大

波盧斯認為「演說家」是社會上最有力量的人，是舉足輕重的人物。他能利用權勢，隨心所欲將任何人流放，沒收他的財物，甚至促成死刑判決。因而，實際上是一個沒有人能勝過的獨裁者。

獨裁者無疑總是做「凡是他認為有益的事」，但蘇格拉底指出，如果一個人的認識錯誤，做「他認為有益的事」是不會有益的。許多我們做的事情只是手段，而非目的，正像人為了恢復健康而遵照醫生囑咐服用討厭的藥，或者為了發財而從事勞累且危險的航海職業。所有的例子，若一件事是做為達到某一隱密目的的手段去完成，這個人所希望的正是隱密的目的，而不是為達到這個目的而採取的不情願或不感興趣的手段。

如果獨裁者錯誤地猜想這樣的步驟將「會對他有利」，而實際上這些步驟對他有害，就不是在做他「所希望做的事情」，因而不應該被稱為「強大的」。每個人都希望獲得利益，沒有人希望不幸，所以真正的強大就是能夠得到利益。如果結果是你獲得不幸而不是利益，「隨心所欲地行事」就是軟弱，而不是有力量。

蘇格拉底的這種論證事實上在重述「無人故意作惡」的論調，希臘語中「故意」表示真正想要的意思，這種解釋對於英語同樣適合，「故意」是「on purpose」，即「以某物為目的」。「無人故意作惡」，等於說「無人將作惡當作目的」，或者說：「作惡只是人們謀取利益的手段而已。」

受罪勝過作惡

波盧斯看來，如果一個人要撕爛某人的衣服，他的衣服馬上就得被撕爛，決定要某個人頭破血流，他馬上就得碰破頭，要誰死，誰就得死，這個人在城邦裡的權力就是偉大的。當然，他也是幸福的，至少比那些遭遇不幸的人更幸福。

但蘇格拉底說，幸福完全依賴於正義，「我把那些高尚、善良的男男女女稱作幸福，把那些邪惡、卑賤的人稱作不幸」。惡人和作惡者在任何情況下都不幸福，如果沒有遇上正義和接受懲罰，就更加不幸福，如果付出代價，從諸神和凡人那裡受到懲罰，就要好些了。

波盧斯舉例說，斯巴達僭主原本沒有繼承王位的資格，但他設計謀殺兄弟，成功篡奪王位，還到訪過雅典城，他有什麼不幸？如果作惡被抓住，被挖眼掏心、禍及妻子，那才叫不幸。「假如他能逃脫，後來成功做僭主，掌握城邦的大權，可以隨心所欲，成為本城公民和異邦人羨慕的對象，他的福氣為人們所稱道，那麼他不會比先前那種狀況幸福些嗎？」

在蘇格拉底的追問下，波盧斯承認作惡比受惡更可恥，但否認作惡更壞。

蘇格拉底進一步追問下，波盧斯承認受惡比作惡更痛苦。

於是蘇格拉底說，既然作惡者在痛苦方面沒有超過受惡者，卻在無恥方面超過受惡者，他憑的是什麼而更無恥呢？蘇格拉底說，他必然是在邪惡方面加倍地超過受惡者。

因此，作惡者不但無恥，而且邪惡。

三種可恥

弱者遭遇不公，甚至連累妻兒和親友，卻沒有能力擺脫厄運，這當然可恥；但還有第二種更加可恥的人，就是作惡者；第三種最可恥的人，是那些作惡且逃避懲罰的人。

蘇格拉底分析，如果某人燒東西，必定有某事物被燒；如果某人切割，必然會有被切割的事物；如果切割得很大、很深、很痛，被切割的對象就有同等程度的表現。也就是說，承受者體驗的性質與行動者行為的性質相對應。當受懲罰的人付出公正的代價時，他是公正地承受，因此受到公正懲罰是光榮的，也是有利的。

與物質財富、身體和靈魂這三類事物對應，人世有三種惡：貧窮、疾病和不義。賺錢使我們擺脫貧窮，醫學使我們擺脫疾病，正義使我們擺脫不節制和不義。從來不生病最幸福，幸福不僅是對惡的擺脫，而且是從來不染上惡。有些人的所作所為就像諱疾忌醫的人，患了重病，卻又像小孩那樣害怕燒灼術或外科手術的痛苦，因此拒絕接受治療，不願向醫生支付報酬。蘇格拉底說：「他們看到受懲罰是痛苦的，但不知道好處，不知道有不健康的靈魂比有不健康的身體更加不幸，這個靈魂不僅不健康，而且是腐敗、褻瀆、罪惡的，所以他們不遺餘力地逃避懲罰，不願從這種最大的疾病中解脫，而只是為他們謀取金錢、朋友和說服性的修辭術的最大權力。」

本性與習俗

當波盧斯幾乎無言以對時，卡利克勒斯（Callicles）發言了，他的觀點幾乎與尼采不謀而合。他認為否定人的欲望，就等於放棄人的生命。不能被消化的食物變成糞便，不能被「消化」的行為成了不義。自然界沒有道德現象，詆毀強者是奴隸的道德。

卡利克勒斯說：「我不認為波盧斯真心同意你的看法，即作惡比承受不義更可恥，而是他被你的論證捉住、緘默了，因為他羞於說出內心的想法。蘇格拉底，儘管你聲稱追求真理，但實際上可惡地把我們引向這些流行的錯誤觀念，不是依據本性，而是按照習俗去尋找優秀、高尚的事情。本性和習俗在大部分場合下都相互對立。如果恥於說出內心的想法，就會被迫自相矛盾……在我們當前討論的作惡與受惡問題上，波盧斯按照習俗說出什麼東西更可恥，而你就訴諸本性加以反駁。依據本性，事物愈壞愈可恥，例如受惡，但依據習俗，則是作惡更可恥。受惡甚至不適用於公民，只適用於奴隸，因為對奴隸來說死比生好，當受到虐待和暴行時，奴隸不能夠幫助自己和他關心的人。」

這種本性與習俗的對立，有點類似於中國先秦哲學的天人之辯。「天」是自然，是本性，即nature，而習俗則是人為的，是文化，即culture。先秦時期，儒家偏向習俗，而道家偏向本性。當道家提出「天在內、人在外」時，是以天滅人；當儒家認可「名教即自然」時，是以人滅天。總之，天人之際的張力是以暴力的方式吞噬矛盾中的另一方，而不是經歷辯證的否定之否定的「揚棄」過程。

奴隸道德

卡利克勒斯接下來的發言，與尼采在《道德譜系學》對於奴隸道德的界定如出一轍，認為奴隸道德起源於否定，先否定他人（強者），說他們邪惡，然後才發現自己

（弱者）善良。這是出於對「生命」的怨恨，因此是病態、不健康的道德。

卡利克勒斯說：「我認為立法的人是一群弱者，多數人都是弱者。他們為自己立法，為自己的利益立法。規定和審查也一樣，為了防止強者超過他們，奪取利益。他們嚇唬強者超過其他人是可恥的，是一種邪惡，向他人謀求利益是不義。我假定這些人是低劣的，因此希望享有與他人平等的待遇，從中得到滿足。這就是為什麼傳統上說尋求特權是錯誤、可恥的。但在我看來，本性已經彰顯這一點，強者謀取弱者的利益是正確的，人愈能幹，就應得到更多利益。所有動物、整個國家、整個人類顯然都是這樣，人們把這種權力當作君主之權和強者對弱者之權。薛西斯侵略希臘或他的父親侵略斯基提亞，有什麼正義可言？人們可以提到無數相同的事例。我想這些人的行動遵循著權力的真正本質，老天在上，他們依據的是本性自身的法則，而可能不依據我們設置的法律。我們塑造出最優秀、最強大的人，但趁年幼時就把他們像幼獅一樣抓來，用符咒使他們成為奴隸，要他們滿足於平等，並說這樣做才是正義、公平的。若有人生來就非常強大，我相信他會站起來擺脫各種控制，打碎一切枷鎖。他會把我們寫著符咒的紙踩在腳下，破壞一切非自然的習俗。會站起來宣布他才是我們的主人，而以前他是我們的奴隸，符合本性的正義之光將會在那裡閃耀。」

過度學習哲學對人生有害

蘇格拉底認為厭惡論證是人生最大的不幸，而卡利克勒斯正好相反，他認為學習哲學應該適可而止。同樣讓我們想起尼采在《歷史的用途與濫用》的話：「過度的歷史有損於生命。」簡言之，過度思考有損生命，習俗的負擔太沉重，本性會因不堪重負而崩潰。

卡利克勒斯滔滔不絕地繼續說：「你知道的，蘇格拉底，如果你年輕時有節制地學習哲學，它是一樣好東西，但若你超過必要的程度繼續研究，它就能把任何人毀掉。如果一個人天賦極高且終生追求哲學，他一定會對如何做一名紳士和傑出人物絲毫不熟悉。這種人對他們城邦的法律一無所知，不知道在公共場合和私下該用什麼樣的語言與他人交往，更不明白人生享樂和風情。總之一句話，他們完全缺乏人生經驗。所以，參加公共活動或私人活動時，他們顯得非常可笑。」

「把哲學當作有助於教養的東西，有限度地學習哲學，哲學是一樣好東西。一名青年學習哲學不可恥，但若已經成年仍要學習哲學，情況就變得可笑了。蘇格拉底，我面對哲學家的感覺很像面對口齒不清、尚在玩耍的兒童……當我看到一名青年學習哲學，我敬重他，這在我看來很自然，我會認為他很本真；如果有青年不學習哲學，我會認為他沒教養，今後不會有任何高尚行為；但若我看到一個成年人仍舊不放棄學哲學，蘇格拉底，他實際上是在討打。我剛才說過，這種人即使天賦極高也不配稱作人，因為他們從來不去市中心和市場（詩人說這些地方是嶄露頭角之處），而是終生躲在某個角落裡和三、四個奴僕竊竊私語，不能以自由、崇高、輝煌的風格說話。」

真金歡迎試煉

卡利克勒斯的言辭逐漸轉向攻擊蘇格拉底，他說：「親愛的蘇格拉底，別對我生氣，因為我是為你好才這樣說，你和那些在哲學上走得更遠的人不認為處境很可悲嗎？如果現在有人抓住你，或其他像你這樣的人，拉著你去監獄，沒犯罪也說你們有罪，你就會發現自己不知如何是好，嘴張個沒完，卻說不出話來。如果你被送上法庭，乃至碰上非常惡毒的無賴原告，如果他要求將你處死，你會被處死……（哲學）既不能提供幫助，又不能使他和其他人擺脫極端危險的處境，而是命中註定要被敵人剝奪全部財產，像被剝奪公民權的人一樣生活在自己的城邦。如果我還能說得更加殘忍些，這樣的人大家都可以打他的耳光而不必受懲罰。」

蘇格拉底回答：「如果我的靈魂是一塊精煉的黃金，卡利克勒斯，你不認為我應當為能發現一塊最好的試金石而感到高興嗎？我觀察到任何人想要恰當地考察一個人的靈魂善良或邪惡，必須擁有三項素質，而這些素質你全部都有，就是知識、善意和坦率……你絕不會由於缺乏智慧或不節制而贊同我的看法，也不會出於某種欺騙的意向而贊同我的意見。因為你是我的朋友，這是你自己宣布的。因此，你我之間所達到的任何一致都是真理的頂峰。」

弱者人多

依照卡利克勒斯的意思，體力較強的人稱為強者，因此弱者必須服從強者。舉例說來，強大的城邦進攻弱小的城邦天經地義，因為他們更加強大，強大、強壯和優秀是一回事。

但蘇格拉底指出，弱者人數眾多，多數人當然比少數人更有力量、更強大，因此多數人制定的法令，就是強大一方制定的法令，也是優秀的法令。有許多人認為正義就是平等地分享，而且作惡比受惡更可恥，這當然就是真理。

卡利克勒斯反駁說：「你就不能停止胡言亂語嗎？我前面告訴過你，把比較優秀等同於比較強大，不是嗎？你以為我指的是一群奴隸和除了身體強壯之外毫無實際用處的烏合之眾，他們聚集在一起宣布某些事情，而這就是法律嗎？」

蘇格拉底回敬道：「你肯定不會認為二比一更優秀，或者認為奴隸比你更優秀，因為他們比你強壯……按你的解釋，一個聰明人經常比一萬個傻瓜更強大，如果一個人比一萬人更強大，應當由這個人來統治那一萬人，而這個人得到的東西比他的臣民要多是公正的。」

卡利克勒斯承認：「這就是天然的正義，比較優秀和比較聰明的人應當統治比他們低劣的人，也應當獲得更多。」

蘇格拉底接著說：「假定許多人像現在這樣聚集在同一個地方，共同分享大量的食物和飲料。我們互不相同，有些身體強壯，有些弱小，比較優秀的和比較聰明的人必須擁有比我們更多的食物。然而，如果他不想吃撐受苦，消費食物時一定不會超過他身體所需的限度，如果他正好是所有人中最體弱的，豈不是最優秀的人得到的食物最少嗎？或者，一個鞋匠在做鞋子方面比別人優秀，他就應該穿最大的鞋子，或者同時穿好幾雙鞋子逛街嗎？」

氣急敗壞的卡利克勒斯指出：「我說的比較強大的人首先不是鞋匠或廚師，而是那些在國家事務中很聰明，擁有管理國家最好方法的人。」

蘇格拉底則說，統治國家的人應該首先擁有統治自己的能力，而統治自己就是指「節制、自制、控制自己的快樂和欲望」。

幸福在於欲望的生長

卡利克勒斯堅持認為：「節制就是傻瓜。」

所謂天生的高貴和正義，就是每個正義地活著的人都應該讓他的欲望生長到最大程度，而不應該限制它們，憑著勇敢和理智，應該能讓他的各種欲望都得到最大滿足，這是他的欲望所渴求的。要做到這一點，對許多人來說不可能，因此他們就譴責能做到這一點的人，藉此掩飾他們的無能。他們宣稱無節制是可恥的，而能夠控制自己的人天生較為優秀。由於他們沒有能力滿足自己快樂的欲望，出於膽怯就讚揚節制和正義。

對生來就是國王的兒子，或者擁有天賦能夠取得職位、當上僭主或奪取最高權力的人來說，還有什麼比節制和正義更加糟糕和可恥的事情呢？儘管這些人自由自在地享受幸福生活而沒有任何障礙，但他們會歡迎法律和討論，防止多數人成為統治他們的主人。

卡利克勒斯還說如果沒有欲求才能夠幸福，「石頭和屍體就是最幸福的了」。

生命的破罐子

蘇格拉底說：「我們也許真的已經死了，有位聰明人說過我們是死人，身體是一個墳墓，住在裡頭的靈魂性質搖擺不定……人們的靈魂就是欲望的居所，不受控制和無法保持，所以靈魂就好比有裂縫的水罐，永遠無法裝滿它。」

「假定兩個人各自擁有幾個罐子，一個人的罐子都很好，裝滿東西，一個盛酒，一個盛蜜，一個盛奶，還有的裝著各式各樣的液體，但這些液體是稀缺的，只能透過非常艱苦的勞動才能得到。假定一個人裝滿罐子後，不再自找麻煩去尋求進一步的供應，而是只要罐子裡還有東西就不再憂愁；而另一個人的罐子起初是裝滿的，只是難以為繼，因為他的罐子有裂縫，如果不願忍受最大的痛苦，就得日夜操勞去裝滿罐子。如果這就是每個人生活的性質，你仍舊堅持不受控制的生活比有序的生活更幸福嗎？我是否該用這個比喻來勸你承認受約束的生活比不節制的生活更好呢？」

快樂生活≠好生活

卡利克勒斯堅持認為渴飲饑食，雖然反反覆覆、無有休止，但這就是生命，也是快樂的來源。「經歷其他所有欲望，還要能夠滿足這些欲望，在滿足欲望中幸福地生活。」但蘇格拉底說：「好極了，我高貴的朋友，繼續說下去，你剛起了個頭，不要因為害羞而停下來。我似乎應當把羞恥全拋在一邊。首先請告訴我，如果身上發癢，想要用手去撓，他能撓到心裡十分滿意為止，並且繼續撓一輩子，那麼能說他的生活是幸福的嗎？」

卡利克勒斯勉強承認這是幸福。

蘇格拉底繼續追問，如果撓的不是頭部，而是其他部位，例如私密部分，這樣的生活也是幸福的嗎？

當卡利克勒斯不願意做出肯定回答時，蘇格拉底指出：並非所有的快樂都是善。一個人不可能既是有病的，又是健康的。同理，當一個人生活得很好時，不會同時生活得很壞。但如果口渴是痛苦，喝水是快樂，滿足欲望時，我們就既是痛苦的，又是快樂的。快樂和善不是一回事，痛苦和惡也不是一回事。傻瓜會快樂，膽小鬼在敵人撤軍時能感受到更大的快樂，但不因此成為值得推崇的善。

苦樂本身無關緊要，重要的是：它們必須以善為目的。

寧肯天下人負我

心靈健全和有節制的人從各方面來看都必定是正義的、勇敢的、虔誠的、全善的。好人無論做什麼事都必定是好的和恰當的，他做好事必定是快樂的、幸福的，而做壞事的壞人必定是不幸的，他的所作所為必定是有節制者的反面。我把這一點當作一個人應該終生尋求的目標，他應該把自身和城邦的全部努力用於實現這個目標，使正義和節制在他身上永駐，這樣才能真正地獲得幸福。他不應該過一種盜匪的生活，努力滿足未受約束的欲望，這是一種無止境的悲哀。這樣的人不會與任何人親近，也不會與神親近。他不會有同伴，而在沒有同伴的地方，就不會有友誼。

蘇格拉底接下來的言論近乎一種宣誓：「寧肯天下人負我，我絕不負天下人！」他說：「卡利克勒斯，我堅持被人錯誤地打耳光不是最可恥的事，我的錢被搶走或身體被砍傷也不是最可恥的事，更加可恥、更加邪惡的是打我的耳光和砍傷我。進一步說，偷竊、綁架、搶劫，總而言之，任何對我犯下的惡行比自己犯下的惡行更加可恥，作惡者比做為受惡者的我更壞。我在前面討論時已經說過的這些事實都緊密聯繫在一起，更具體地說，它們是用鐵和鑽石一般的堅強論證聯繫在一起，因此至少看起來站得住腳。」

暴君的臣民

蘇格拉底開始舉例。

古代的賢人說，最親密的友誼存在於同類之中。假定某個掌權的僭主是野蠻、無知的，如果他的城邦有人比他好很多，我想這個僭主一定會害怕這個人，此人在僭主的內心深處不會被視為真正的朋友。比這個僭主還要低劣得多的人不會成為僭主真正的朋友，因為僭主會藐視他，不會對他產生朋友的熱情。

只有一種人可以做僭主真正的朋友，就是與他具有同樣秉性的人，嗜好和喜惡都與僭主相同，願意做這位統治者的臣民和下屬。他會在城邦裡擁有大權，沒有人能傷害他而不受懲罰。

假定這個城邦裡有個年輕人在考慮如何獲得大權，使別人無法傷害他，這就是他的途徑，他從小就得養成習慣，像他的主人一樣對同樣的事物去感受快樂和煩惱，盡可能變得與主人一樣。最大的惡會留駐在他身上，透過模仿主人，透過權力，他的靈魂墮落、毀滅了。儘管只要僭主願意，他就可以處死別人，但這種做法實際上是一個無賴在謀殺一個好人、一個高尚的人。

船長對乘客有何恩惠？

卡利克勒斯認為人應當盡可能活得長一些，以便更長久地去施展這些不斷將我們從危險中解救出來的技藝，例如辯論術，能使我們在法庭上保住性命。然而，做為同樣可以保命的游泳這項技藝，卡利克勒斯卻十分鄙視。就此，蘇格拉底展開了論述：

如果你認為游泳這種技藝無足輕重，我可以告訴你一種比它更重要的技藝，就是船長的技藝。它像修辭學，不僅能拯救我們的生命，還能從巨大的危險中拯救我們的身體和財物。雖然這種技藝不包含任何虛假的成分，但當乘客平安到達港口下船時，頂多只付給船長兩個德拉克馬。為什麼？

因為船長知道，他對這些沒有淹死的旅客發揮的作用是不確定的，他不知道到底是給他們帶來恩惠還是傷害，只知道這些乘客的身體和靈魂都沒有變得比上船時更好。他知道如果有人在船上患了難以治癒的重病，但又避免被扔下海去淹死這一宿命，這個人的不死也是不幸的，他沒有從自己這裡得到什麼好處；由此可推論，靈魂比身體更珍貴，如果有人在靈魂上得了許多難以治癒的疾病，換句話說，如果有人的靈魂已經扭曲，這種人的生命沒有價值。對於這種人，即便船長從海上或從法庭上，或者從其他危險中把他救出來，對他來說沒有什麼好處。因為對壞人來說，活著不比死更好，這個壞人無論怎樣活著，都會覺得不幸福。

船長救我們的命，但他不擅長也不屑表達自己，如同築城的工匠不會這樣做。實際上，築城的工匠在拯救生命的能力不亞於將軍或其他人，更別說船長，因為他可以在需要時保全整座城市。如果築城工匠喜歡像修辭學家一樣講話，他會把我們埋葬在雄辯的論證中，鼓勵和敦促我們一定要成為築城的工匠，因為其他職業都沒有價值，只有他的職業值得學習。

人應當漠視能活多久這個問題，不應該如此迷戀活命，沒有人能夠逃脫宿命，人應當把諸如此類的事留給神，去考慮其他問題，例如一個人應當以什麼方式度過一生才是最好的？他是否應當同化於生活中的那種統治類型？

政治家不是甜點師

蘇格拉底繼續說，有些政治家像甜點師，他們會贏得暴食者的讚揚，會使人身體發胖，但最終會剝奪人們先前擁有的肌肉。而他們的犧牲者出於無知，反而不會因為身體失調和失去肌肉而責備他們。此時若是有人在場提出建議，告訴他們無視健康規則、過度飲食會帶來疾病，你認為結果會怎樣？這些提建議的人反而會受到他們的責備、侮辱和傷害，讓他們失去健康的甜點師則受到讚揚。

有人會說這些人使我們的城邦更偉大，實際上，這些人一點都沒意識到由於過去政治家的腐敗，我們的城邦正在潰爛。這些政治家一點都不注意紀律和正義，只是用港口、船塢、城牆、稅收和類似的垃圾來「餵養」城邦，當城邦的危機到來時，他們就把罪名推到其他建議者身上，說對方引起城邦的不幸。

實際上，辯證法家的技藝比修辭學家更好，程度就相當於立法比正義的管理更好，體育比醫學更好。

最邪惡的人來自哪裡？

蘇格拉底說：「最有權力的人中間，你可以找到最邪惡的人。當然，最有權力的人中間，你仍舊可以找到好人，能這樣做的人值得特別的尊敬，因為要做到這一點很困難。有權力胡作非為卻能始終過著正義的生活，這種人最值得讚揚。但這種人很少，儘管在雅典和別的地方曾有過這種高尚的、真正的人。他們擁有美德，公正地管理託付給他們的事務。這些人中有一位最出名，甚至在希臘的其他地方也擁有巨大名聲，他就是尼科馬庫斯（Nicomachus）之子亞里斯多德。但是，我的好朋友，大多數掌握著權力的人是邪惡的。」

裸體的靈魂

蘇格拉底看來，許多人活著時靈魂邪惡，卻裹著漂亮的身體，有著高貴的世系和財富，他們接受審判時，會有許多證人跑來證明他們的生活是正義的。這些情況使法官眼花繚亂，而法官們進行審判時也穿著衣服，他們的眼睛、耳朵，甚至整個身體就像屏風遮蔽著靈魂，他們的衣服和接受審判者的衣服都成為審判的障礙。

人死後，受審前必須剝去所有的衣服，赤身裸體，這樣才能對他們進行審判。法官也必須裸體，用他的靈魂去掃視剛死去者的靈魂，而不管這些人有什麼樣的親屬，也不管他們留在世上的是什麼樣的打扮，這樣的審判才公正。

蘇格拉底說：「死亡在我看來無非是『靈魂與身體』的分離，分離後仍各自保持著活著時的狀況。身體保持著自己的性質，有著明顯可見的各種痕跡或印記。所以我相信靈魂也一樣，靈魂的外衣一旦被剝去，靈魂中的一切都清晰可見，其中都是一個人的靈魂透過他從事的各種活動獲得的性質和經驗。」

審判官能夠把那些國王或君主的靈魂找出來，是因為這些靈魂中沒有健康的跡象，只有他犯下的種種罪惡而在肋骨上留下的傷痕，就是各種惡行在靈魂上留下的標記，還有因為虛偽和欺騙而被扭曲的東西，這樣的靈魂中沒有什麼東西是正直的，對真理完全是陌生的。法官會看到，由於行為的奢侈、放蕩、專橫、無節制，靈魂中充滿畸形和醜惡。他們會被送往黑帝斯（Hades）的監獄，受永久折磨。這些人實際上發揮樣板的作用，成為對不時來到那裡的作惡者的警示。

怎樣度過這一生？

對於「怎樣度過這一生」這個問題，蘇格拉底在《高爾吉亞篇》結尾處發表如下宣言：

我正在思考應如何盡全力把最健康的靈魂奉獻給法官，所以我譴責大多數人追求的榮耀，認為人們應該追求生前死後都應當追求的真理，盡可能做一個好人。我盡力勸告其他人，請你們全都來分享這種生活，展開這方面的競賽，我認為這種競賽的意義超過任何競賽。

首先要學習的就是如何做一個好人，無論是在公共場合還是在私人生活。如果有人在各方面都被證明為有罪，他就應當受到嚴懲。其次就是如何透過接受懲罰變成好人。

我們應當避免各種形式的逢迎，無論是對自己還是對別人，無論是多是少，修辭學和其他各種活動都應只用於獲得正義。

可以讓任何人藐視你，把你當傻瓜，對你施加暴力——只要他願意，而你也可以滿臉帶笑地讓他侮辱、打你耳光。如果你真的是個好人、高尚的人、追求美德的人，這樣做對你不能造成任何傷害。接受諸如此類的訓練後，至少當我們認為恰當時，可以進入公共生活。

這是生活的最佳方式：在追求公義和其他一切美德中生，在追求公義和其他一切美德中死。我要說，讓我們遵循這種生活方式吧！並邀請別人和我們一起遵循它！

LEARN 056

哲學家，很有事？：趣談前蘇格拉底的16位大奇葩

作　者—賈辰陽
主　編—邱憶伶
責任編輯—陳映儒
行銷企畫—林欣梅
封面設計—兒日
內頁設計—張靜怡

編輯總監—蘇清霖
董事長—趙政岷
出版者—時報文化出版企業股份有限公司
一〇八〇一九臺北市和平西路三段二四〇號三樓
發行專線—（〇二）二三〇六—六八四二
讀者服務專線—〇八〇〇—二三一—七〇五
（〇二）二三〇四—七一〇三
讀者服務傳真—（〇二）二三〇四—六八五八
郵撥—一九三四四七二四時報文化出版公司
信箱—一〇八九九臺北華江橋郵局第九九號信箱

時報悅讀網—http://www.readingtimes.com.tw
電子郵件信箱—newstudy@readingtimes.com.tw
時報出版愛讀者粉絲團—https://www.facebook.com/readingtimes.2
法律顧問—理律法律事務所　陳長文律師、李念祖律師
印　刷—紘億印刷有限公司
初版一刷—二〇二一年七月十六日
定　價—新臺幣三二〇元
（缺頁或破損的書，請寄回更換）

時報文化出版公司成立於一九七五年，
一九九九年股票上櫃公開發行，二〇〇八年脫離中時集團非屬旺中，
以「尊重智慧與創意的文化事業」為信念。

哲學家，很有事？：趣談前蘇格拉底的 16 位大奇葩／賈辰陽著 . -- 初版 . -- 臺北市：時報文化出版企業股份有限公司 , 2021.07
272 面；14.8×21 公分 . --（LEARN 系列；56）
ISBN 978-957-13-9172-4（平裝）

1. 古希臘哲學　2. 傳記　3. 通俗作品

140.99　　110010165

ISBN 978-957-13-9172-4
Printed in Taiwan